首都博物馆
天津博物馆
河北博物院
编

金玉满堂

京津冀古代生活展

科学出版社
北京

图书在版编目（CIP）数据

金玉满堂：京津冀古代生活展 / 首都博物馆，天津博物馆，河北博物院编．—北京：科学出版社，2017.1

ISBN 978-7-03-051543-8

Ⅰ．①金…　Ⅱ．①首…　②天…　③河…　Ⅲ．①社会生活－历史－华北地区－古代　Ⅳ．①K292

中国版本图书馆CIP数据核字（2017）第016465号

责任编辑：李　茜 / 责任校对：彭　涛

责任印制：肖　兴 / 书籍设计：北京美光设计制版有限公司

科学出版社出版

北京东黄城根北街16号

邮政编码：100717

http://www.sciencep.com

北京华联印刷有限公司 印刷

科学出版社发行　各地新华书店经销

*

2017年1月第　一　版　　开本：787×1092　1/8

2017年1月第一次印刷　　印张：53

字数：763 000

定价：520.00元

（如有印装质量问题，我社负责调换）

图录编辑委员会

展览项目组

致辞

京津冀三地位于华北平原，通属海河水系。自古以来，三地地缘相接、人缘相亲、自然与人文相近，历史文化密切相关。从行政区划上看，据《周礼·职方》载，该区域大致范围属于古九州之一的幽州，后虽历经蓟、燕、幽都府、北直隶等名称演变，但其核心区域均未发生较大变化。从文化角度上看，京津冀地区为中国北方长城地带历史文化区，是多民族、多宗教、多地域文化交流融合的中心，具有兼容并蓄的吸引力和海纳百川的包容性。

京津冀地区同根同源、相辅相成、唇齿相依，三地的发展脉络，证明该地区走向一体化是历史发展的必然选择。加强京津冀文博资源协同开发与共享，促进博物馆领域由点及面、资源互补、优势互借、一体发展，形成区域文博界向内深化融合、向外拓宽影响的格局，是三地博物馆人的共同目标。

继 2016 年成功举办“地域一体 文化一脉——京津冀历史文化展”之后，首都博物馆、天津博物馆、河北博物院再次奏响京津冀文化协同发展的号角，共同策划举办“金玉满堂——京津冀古代生活展”。这不仅仅是历史文化展的延伸和补充，更是京津冀协同发展走向纵深的有益尝试。该展览由三地策展人员联合策划，历经数次讨论修改，数易其稿，最终成型，策展的过程就是京津冀文博行业深度融合、协同发展的过程。展览汇集三地文物精品，从展示京津冀地区古代艺术与生活切入，分居家篇、艺术篇、礼仪篇，分别在三地同期开展。每篇既独立成展，又共同构成反映京津冀古代社会物质生活、精神生活的完整叙事，同时又与“地域一体 文化一脉——京津冀历史文化展”相呼应，串联成反映京津冀古代社会全貌的主题系列展。

此外，三馆充分践行“让文物活起来”的宗旨，打破地域、人员界限，在展览文本之外更首次尝试发挥各馆优势，在对外宣传、社教活动、展览图录、展陈设计等方面统筹考虑，统一策划，同步推进。这是京津冀博物馆界探索共享优质资源的创新举措，也是三地站在区域合作与发展的高度，为打造优势互补、协同发展的文博“一体化”构想所做的有益尝试，以期进一步推动京津冀古代历史文化研究与区域文化建设，扩大京津冀地区的文化影响力和凝聚力。

“不谋全局者，不足谋一域。”未来，京津冀文博界将放眼长远，进一步加大区域资源整合力度，整体规划，统一推进，协同发展；进一步加强三地深度交流融合，优势互补，形成合力，共同谱写京津冀文博协同发展的新篇章！

值展览展出之际，衷心感谢所有为展览付出辛勤努力的三地文博同仁。衷心感谢京津冀人民对这个展览的关注与支持。

陈卓　白杰　罗向军

2017 年 1 月

前言

自古以来，京津冀三地因地缘关系而联系紧密，自然与人文相近。从传承中华优秀传统文化的精髓，到生活中不断追求的价值理念及艺术品味，充分显示出三地文化的渊远、深厚、关联、独特与灿烂。正所谓一方水土养一方人，相通的文脉形成了三地文化的相似性，你中有我，我中有你，三地人民共同铸就了生活的理想与和谐。

“金玉满堂——京津冀古代生活展”由首都博物馆、天津博物馆、河北博物院共同策划、主办，旨在弘扬中华优秀的传统文化，突出表现吉祥文化的主题，搭建三地文化交流、共享、展示的平台。

展览分为居家篇、艺术篇、礼仪篇，三篇既相互关联，又各自独立，分别在北京、天津、河北三地同时展出。这种在一个文化大主题下，集合三地馆藏文物的优势、特色，三地联合同时推出一个展览三个部分的模式，是我们在京津冀三地协同发展中的一种尝试。希望京津冀三地博物馆合作更加紧密和深入，京津冀三地的文博事业不断发展和繁荣。

目录

富貴

结庐在人境

居家篇

“采菊东篱下，悠然见南山。”这是古人士者生活中追求的最佳境界。其实，人们居家生活希望达到的意境应该亦是如此。人与自然和谐相处，生活中营造美好的环境、氛围，处处体现家的温暖与祥和，宜居、宜养、宜乐，美好的家园呈现眼前。

杨柳青年画“满堂富贵”
首都博物馆藏

古代北方典型的居家建筑就是四合院。四合院建筑凝聚了中国传统文化的核心“和”的理念。“四合”布局中的“四”指东西南北四面，“合”是合在一起，即东西南北四面的房围在一起。“合”与“和”相通，“和”与“谐”相连，一家人在一个院子里，各取所需，休憩或玩耍，春季赏花、夏天避暑、中秋赏月、冬季观雪，节日喜庆，和美生活，带给人心灵上的温暖与安逸。小小的庭院就是一个家的小世界，是一个家族团聚的乐园。

第一部分 庭院春秋

万里合风

向阳门第春常在

积善之家庆有余

合家欢乐图

清

纵 83.3 厘米，横 164 厘米

首都博物馆藏

仕女婴戏图

清

纵 60 厘米，横 120.5 厘米

首都博物馆藏

“长生无极”瓦当

汉

直径 17.5 厘米

天津博物馆藏

“亿年无疆”瓦当

汉

直径 16 厘米

首都博物馆藏

莲花瓦当（2件）

明

直径16厘米，直径14.5厘米

北京市陶然亭出土

首都博物馆藏

兰花瓦当（2 件）

明
直径 12 厘米，直径 14.5 厘米
北京市弓弦胡同出土
首都博物馆藏

“寿”字滴瓦

明
高 10.5 厘米
北京市弓弦胡同出土
首都博物馆藏

“富贵大吉”方砖

汉

长 43 厘米，宽 43 厘米

北京市房山区长岗中学南坡出土

首都博物馆藏

天官赐福刻砖

清

长 47 厘米，宽 50 厘米

天津博物馆藏

封侯挂印刻砖

清

边长 40 厘米

天津博物馆藏

鹤鹿同春刻砖

清
边长 44.5 厘米
天津博物馆藏

喜鹊登梅刻砖

清
长 42.5 厘米，宽 48 厘米
天津博物馆藏

秋菊群雀刻砖

清光绪
长 42 厘米，宽 48 厘米
天津博物馆藏

花鸟刻砖

清光绪
长 39 厘米，宽 37 厘米
天津博物馆藏

狮子滚绣球刻砖

清
边长 39 厘米
天津博物馆藏

马顺清作狮子刻砖

清
长 45.5 厘米，宽 49 厘米
天津博物馆藏

马顺清作牡丹刻砖

清光绪
长 45.5 厘米，宽 49 厘米
天津博物馆藏

马顺清作绶带牡丹刻砖

清光绪
长 41 厘米，宽 42 厘米
天津博物馆藏

马少青作天神刻砖

清

长 46 厘米，宽 47 厘米

天津博物馆藏

粉彩龙凤鱼缸

清光绪

高 59.5 厘米，口径 71 厘米

首都博物馆藏

着色年画门神（2件）

清
纵79厘米，横45厘米
首都博物馆藏

生活的寄托与祈盼，在居室的不同空间，营造着人们心中的梦想。家族的尊贵、雍容、儒雅、温馨，体现在居室的布局及陈设中，长幼有序，内外有别，装饰着人们日常生活的点点滴滴，处处体现了家族兴旺、吉祥、美好的意境。

第二部分 室内陈设

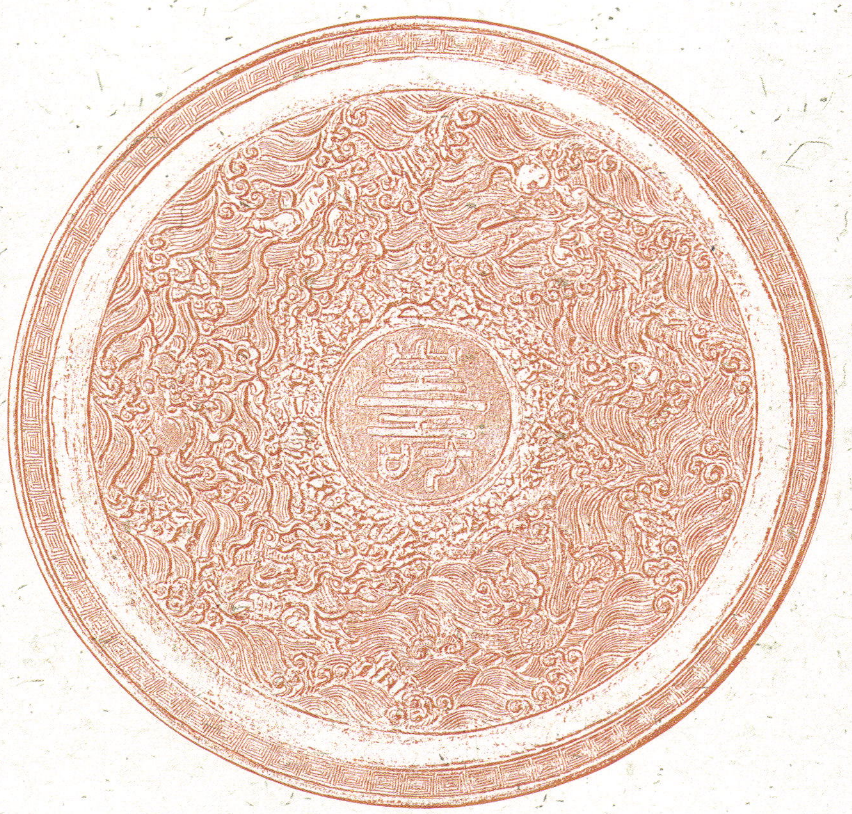

一 正房

正房是四合院住宅中的主房，也称上房或北屋。正房在开间、进深、高度、工料、装修等方面，都居全院之首。正房的间数一定是奇数，否则大不吉利。一般住宅，正房都是三开间。其中明间的开间尺寸最大。东次间要略大于西次间。这是遵循中华传统文化以“左”为上的缘故。正房是家族长者、家长居住的房屋，最为尊贵。

红木嵌螺钿家具（一组）

清

首都博物馆藏

红木嵌螺钿太师椅（2 件）

清

高 104 厘米，宽 84.5 厘米，进深 57.5 厘米

红木嵌螺钿束腰彭牙鼓腿几（2件）

清
高 85 厘米，面长 47 厘米

红木嵌螺钿束腰彭牙罗汉床

清
高 133 厘米，面长 219 厘米，宽 140 厘米

红木嵌螺钿脚踏

清

高 17.3 厘米，长 46.8 厘米，宽 29.5 厘米

红木嵌螺钿束腰八仙桌

清

高 86 厘米，面长 92.6 厘米，宽 92.4 厘米

红木嵌螺钿炕桌

清

高 32 厘米，长 109.5 厘米，宽 45 厘米

红木嵌螺钿躺椅

清

高 81.6 厘米，长 157 厘米，深 56 厘米

红木嵌螺钿架几案

清

案面：长 378 厘米，宽 53.3 厘米，厚 8 厘米

儿：高 90.5 厘米，面长 58 厘米，宽 52.3 厘米；

高 91 厘米，面长 58 厘米，宽 52 厘米

山水大中堂

清

纵 239.8 厘米，横 114.6 厘米

首都博物馆藏

胜保正书对（2 件）

清

纵 162.5 厘米，横 30.1 厘米

首都博物馆藏

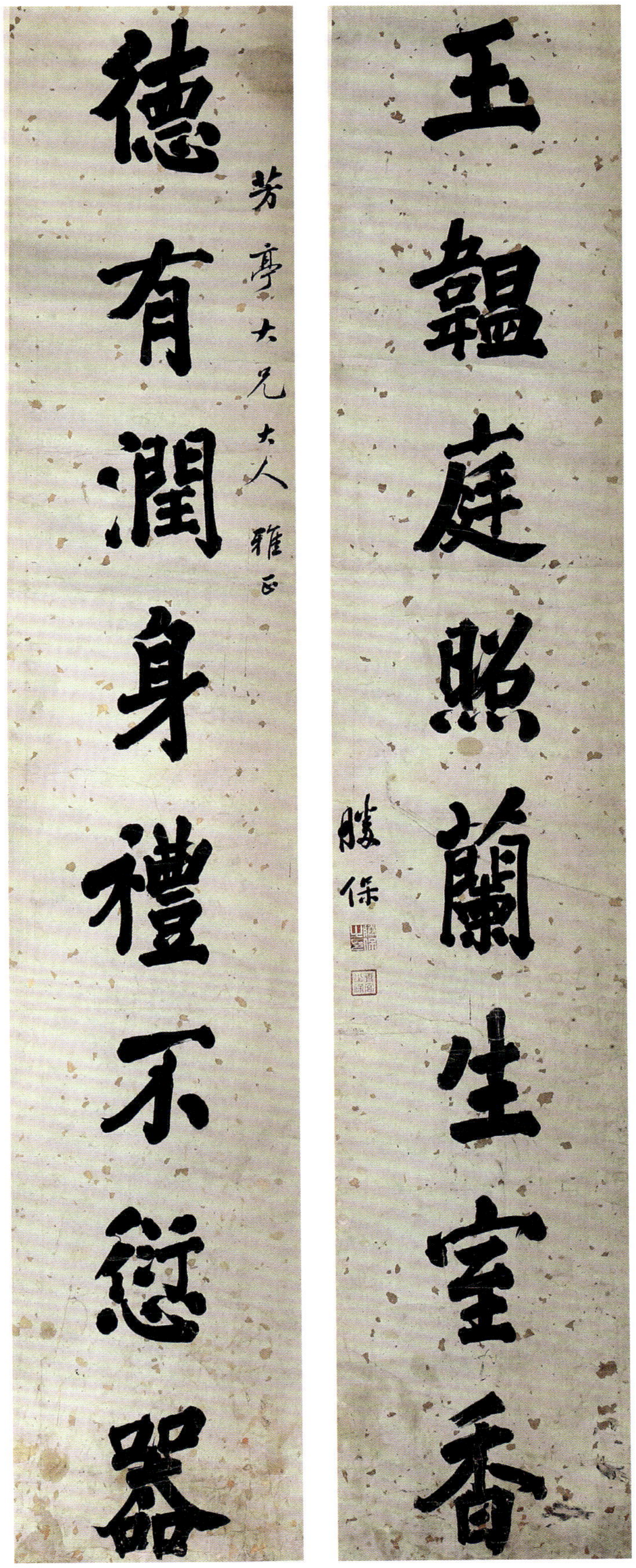

杨柳青着色吉语年画“满堂富贵”

清
纵 61.5 厘米，横 110.7 厘米
首都博物馆藏

杨柳青着色年画

清
纵 61 厘米，横 109 厘米
首都博物馆藏

嵌珐琅烛台（2件）

清

通高 43 厘米

首都博物馆藏

蓝地番莲纹三足香炉

清

通高 40.5 厘米

首都博物馆藏

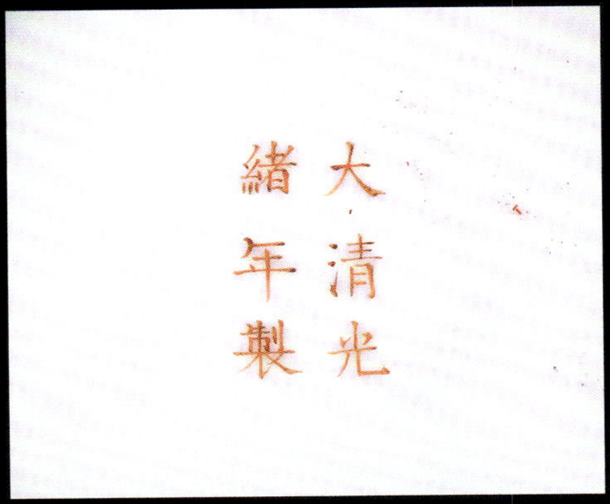

粉彩百蝶瓶（2件）

清光绪
高 38.5 厘米，口径 9.8 厘米
首都博物馆藏

珐琅小座钟

清
通高 20 厘米，宽 9 厘米
首都博物馆藏

铜胎画珐琅桃枝纹花盆

清
高 14 厘米，长 27 厘米，宽 18.8 厘米
天津博物馆藏

汉装美人

清

纵 95.5 厘米，横 47 厘米

首都博物馆藏

美人屏条

清

纵 59 厘米，横 32.8 厘米

首都博物馆藏

松石、水晶串饰

战国
长 0.4 ～ 3.2 厘米
河北省邯郸市百家术 M57 出土
河北博物院藏

春秋龙纹人字形玉佩

春秋

高 8 厘米，长 7.9 厘米，厚 0.5 厘米

河北博物院藏

白玉鸡心佩

汉

长 8.1 厘米，宽 6.7 厘米

河北博物院藏

透雕云龙玉佩

宋

长 5.4 厘米，宽 3.2 厘米，厚 0.5 厘米

河北博物院藏

白玉双鹤衔灵芝纹佩

金

长 8 厘米，宽 6.2 厘米

北京市房山区长沟峪金墓出土

首都博物馆藏

透雕花鸟纹玉佩

明

长 5.5 厘米，宽 4.8 厘米，厚 0.9 厘米

河北博物院藏

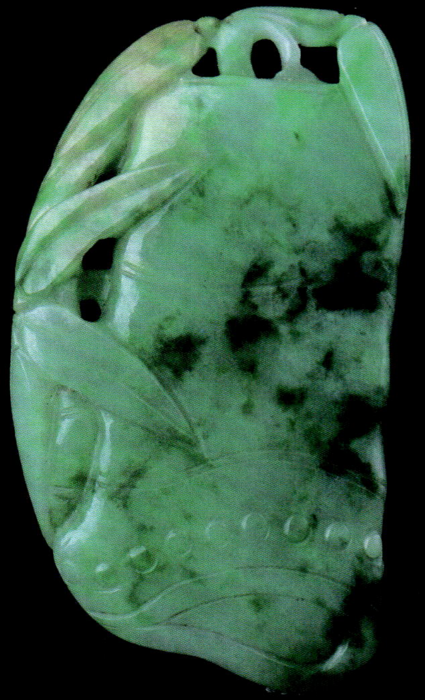

竹节翠佩

清

长 5.8 厘米，宽 3.1 厘米，厚 0.5 厘米

河北博物院藏

佛手桃纹寿字翡翠牌

清

高 6.5 厘米，宽 3.9 厘米

天津博物馆藏

碧玉云螭纹鸡心佩

清

长 7.7 厘米，宽 4.6 厘米

北京市海淀区黑舍里氏墓出土

首都博物馆藏

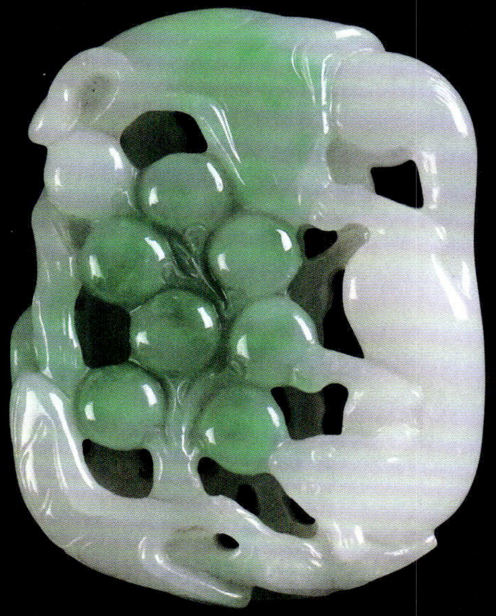

翠松鼠葡萄坠

清
长 5.5 厘米，宽 4 厘米
河北博物院藏

白玉孔雀形簪

金
长 6.8 厘米，翅宽 2.2 厘米
北京市房山区长沟峪金墓出土
首都博物馆藏

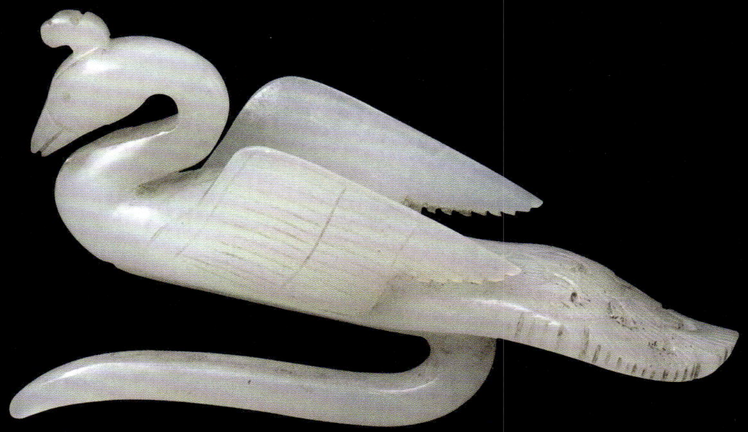

透雕竹节鹦鹉玉佩

清
长 6.4 厘米，宽 4.9 厘米，厚 0.7 厘米
河北博物院藏

青玉猫蝶坠

清
长 5.5 厘米，宽 4.5 厘米
河北博物院藏

银扁簪

辽

长 17 厘米，头宽 2.4 厘米

北京市顺义区南门外塔墓出土

首都博物馆藏

累丝嵌珠宝花蝶金簪

明

长 15.2 厘米，宽 3.9 厘米

北京市海淀区青龙桥董四墓村明墓出土

首都博物馆藏

錾花“万福流云”金扁方

清
长 16.3 厘米，宽 2.5 厘米
北京市海淀区全总干校工地花园村出土
首都博物馆藏

扁方是满族妇女梳旗头时插饰的特殊大簪，均作扁平一字形。晚清宫廷梳“大拉翅”所用的扁方有的长达一尺二寸。

金凤首铜铤钗

辽
长 13.6 厘米
河北省易县大北城辽代金银器窖藏出土
河北博物院藏

鎏金花卉纹银栉

辽

长 11 厘米，宽 6 厘米

河北省易县大北城辽代金银器窖藏出土

河北博物院藏

缠枝花卉纹金栉

辽

长 12 厘米，宽 6 厘米

河北省易县大北城辽代金银器窖藏出土

河北博物院藏

镶碧玺金耳环（2件）

明
高4.2厘米，环径1.8厘米
北京市海淀区青龙桥董四墓村明墓出土
首都博物馆藏

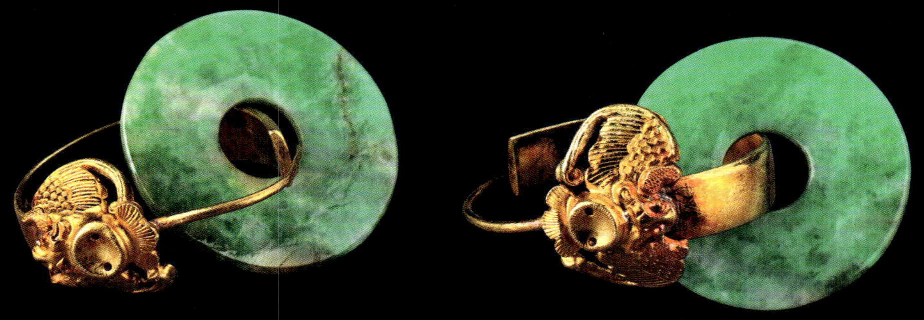

嵌翠云蝠纹金耳环（2件）

清
高4厘米，环径2.9厘米
北京市海淀区全总干校工地花园村出土
首都博物馆藏

银鎏金蝠寿纹耳环（2件）

清

环径3.5厘米

北京市朝阳区安外五路居出土

首都博物馆藏

银镯

晋

直径6厘米

北京市顺义区砖厂出土

首都博物馆藏

金镶玉镯（2 件）

明
高 1.2 厘米，直径 6.5 厘米
北京市海淀区四季青公社田村大队出土
首都博物馆藏

百子如意纹金镯（2 件）

清
长 7.2 厘米
北京市海淀区全总干校工地花园村出土
首都博物馆藏

双龙戏珠玉镯（2件）

清

直径 7.8 厘米

河北博物院藏

翠镯（2件）

清

直径 8.1 厘米

河北博物院藏

藤嵌宝石镯（2件）

清
直径 6.8 厘米
河北博物院藏

花卉纹银指甲套

清
长 7 厘米，直径 1.3 厘米
河北博物院藏

烧蓝花卉纹银指甲套

清
长 6.6 厘米，直径 1.4 厘米
河北博物院藏

镶玉万寿纹椭圆形银香盒

清

高 7.5 厘米，直径 11 厘米

河北博物院藏

镶料蝴蝶花草纹银镀金香盒

清

高 3 厘米，直径 7.4 厘米

河北博物院藏

嵌银“玉兔秋香”铜镜

唐

直径 9.9 厘米

首都博物馆藏

“龟鹤齐寿”铜镜

宋

直径 19.4 厘米

天津博物馆藏

松梅把镜

宋

直径 14.6 厘米，长 24.7 厘米

首都博物馆藏

飞鹤牡丹纹铜镜

明

直径 16.7 厘米

天津博物馆藏

薛惠公造喜字长柄铜镜

清

直径 20.8 厘米

天津博物馆藏

杏叶金执壶

明
通高 29.5 厘米，口径 6.4 厘米
北京市右安门外东庄万贵墓出土
首都博物馆藏

嵌宝石桃形金杯

明
长 6.8 厘米，宽 5.2 厘米
北京市永定门南苑公社花园大队万通墓出土
首都博物馆藏

错金双凤银钵

明万历
高 5 厘米，口径 12.2 厘米
北京市海淀区青龙桥董四墓村明墓出土
首都博物馆藏

勾云双耳银杯

明
通高 3.7 厘米，口径 7 厘米，直径 18.7 厘米
北京市石景山区雍靖王墓出土
首都博物馆藏

粉彩福禄寿三星图高足杯

清

高 10.5 厘米，口径 9.9 厘米，足径 4.8 厘米

天津博物馆藏

鎏金缠枝八宝纹银钵

清

高 6.2 厘米，口径 8.4 厘米

天津博物馆藏

花式口银盏

辽

高 5.3 厘米，口径 8.24 厘米

河北省易县大北城辽代金银器窖藏出土

河北博物院藏

红漆描金花卉船式茶托

清

长 18 厘米，宽 9.2 厘米

河北博物院藏

鎏金芝鹿纹三足银盘

唐
高 10 厘米，直径 50 厘米
河北省宽城县峪耳崖镇西川村大野鸡峪刘密家出土
河北博物院藏

花瓣式银盘

辽
高 3 厘米，口径 15.3 厘米
河北省易县大北城辽代金银器窖藏出土
河北博物院藏

錾海水瑞兽纹金盘

明

高 1.2 厘米，口径 18.2 厘米

北京市右安门外东庄万贵墓出土

首都博物馆藏

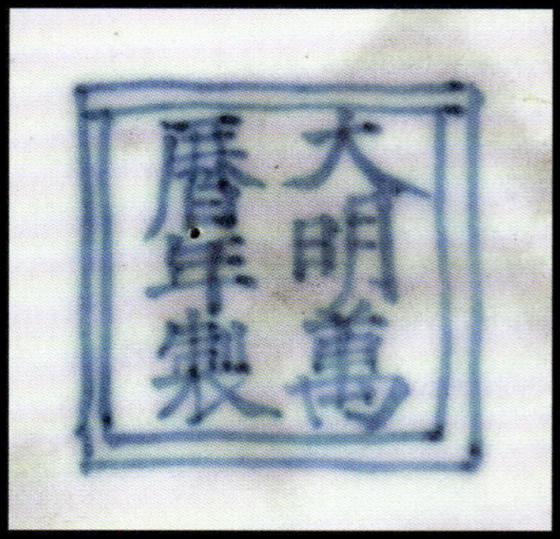

五彩花卉纹方格盘

明

高 3.5 厘米，宽 14.5 厘米

天津博物馆藏

青花御题诗文海棠花式茶托盘

清嘉庆

高 2.2 厘米，直径 15.9 厘米

天津博物馆藏

杨柳青风俗年画

清

纵 61 厘米，横 110.8 厘米

首都博物馆藏

蓝琉璃釉竹节方冰箱

明

高 34 厘米，长 47 厘米，宽 47 厘米

首都博物馆藏

五彩红龙碗

明万历

高 9 厘米，口径 15.4 厘米，足径 6 厘米

首都博物馆藏

粉彩八宝纹碗（2 件）

清乾隆

高 6.6 厘米，口径 10.6 厘米，足径 4 厘米

天津博物馆藏

粉彩鹊梅纹盖碗（2件）

清同治

高 8.7 厘米，口径 10.4 厘米

天津博物馆藏

“四季平安”铜铃

明

高 8 厘米，口径 8.5 厘米

天津博物馆藏

鎏金云鹤纹铜方铃

明

高 16 厘米，宽 11.4 厘米

天津博物馆藏

“宜子孙”铜熨斗

汉

通长 37.2 厘米，柄长 21.2 厘米，口径 16 厘米

天津博物馆藏

蓝色卍字纹金缎

清

长 1394 厘米，宽 76.5 厘米

天津博物馆藏

大红团寿字金缎

清

长 844 厘米，宽 80 厘米

天津博物馆藏

红地凤凰牡丹丝织门帘

民国

长 167 厘米，宽 102 厘米

河北博物院藏

红地龙凤人物丝织门帘

民国

长 162 厘米，宽 92 厘米

河北博物院藏

绣花轿帘

民国

长 134 厘米，宽 76 厘米

首都博物馆藏

二　书房

书房是古代文人宅第里必不可少的重要空间。它亦是人们修身、怡情、养生的优雅、清闲之地。在这里读书评史、下棋对弈、吟诗作画、抚琴待友、烹茶款客。因此，书房陈设追求高雅别致，刻意营造一种浓郁的文化氛围。

蒋士芬行书对（2件）

清

纵 232.9 厘米，横 53.5 厘米

首都博物馆藏

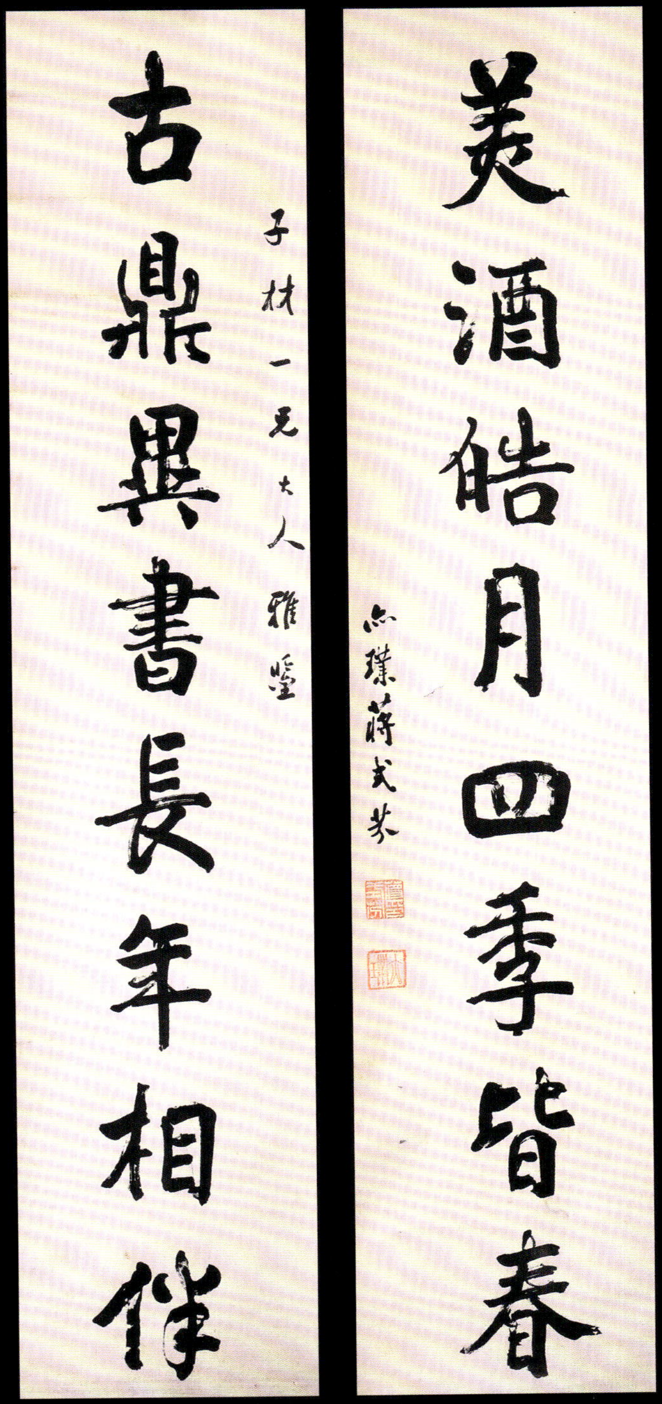

蓝瑛徐泰浴砚图轴

明

纵 143 厘米，横 45 厘米

天津博物馆藏

朱岷忍冬书屋图轴

清

纵 66.2 厘米，横 50.5 厘米

天津博物馆藏

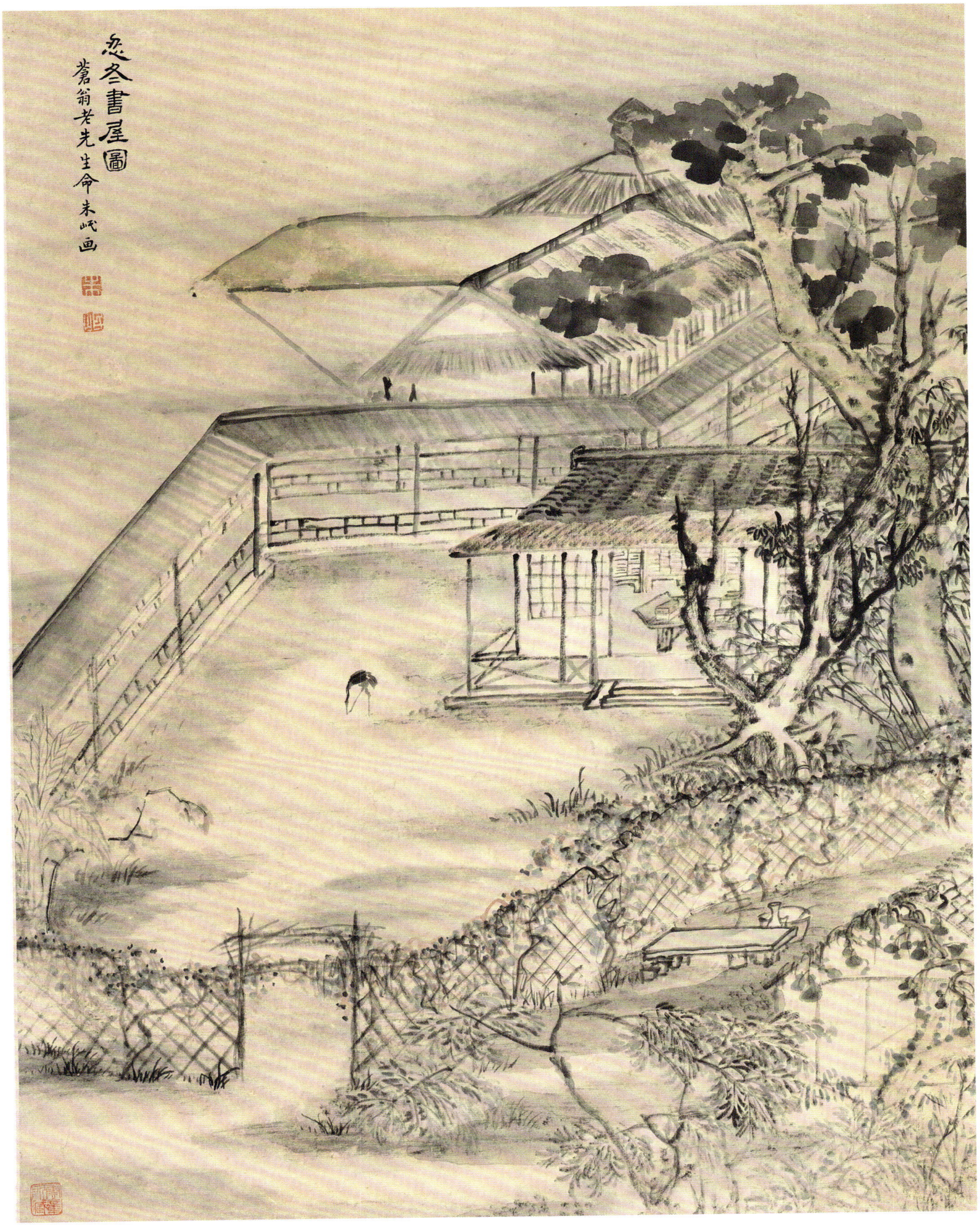
忍冬書屋圖
蒼翁老先生命 朱峨画

朱星联刻花卉屏（4件）

清

纵143厘米，横77厘米

天津博物馆藏

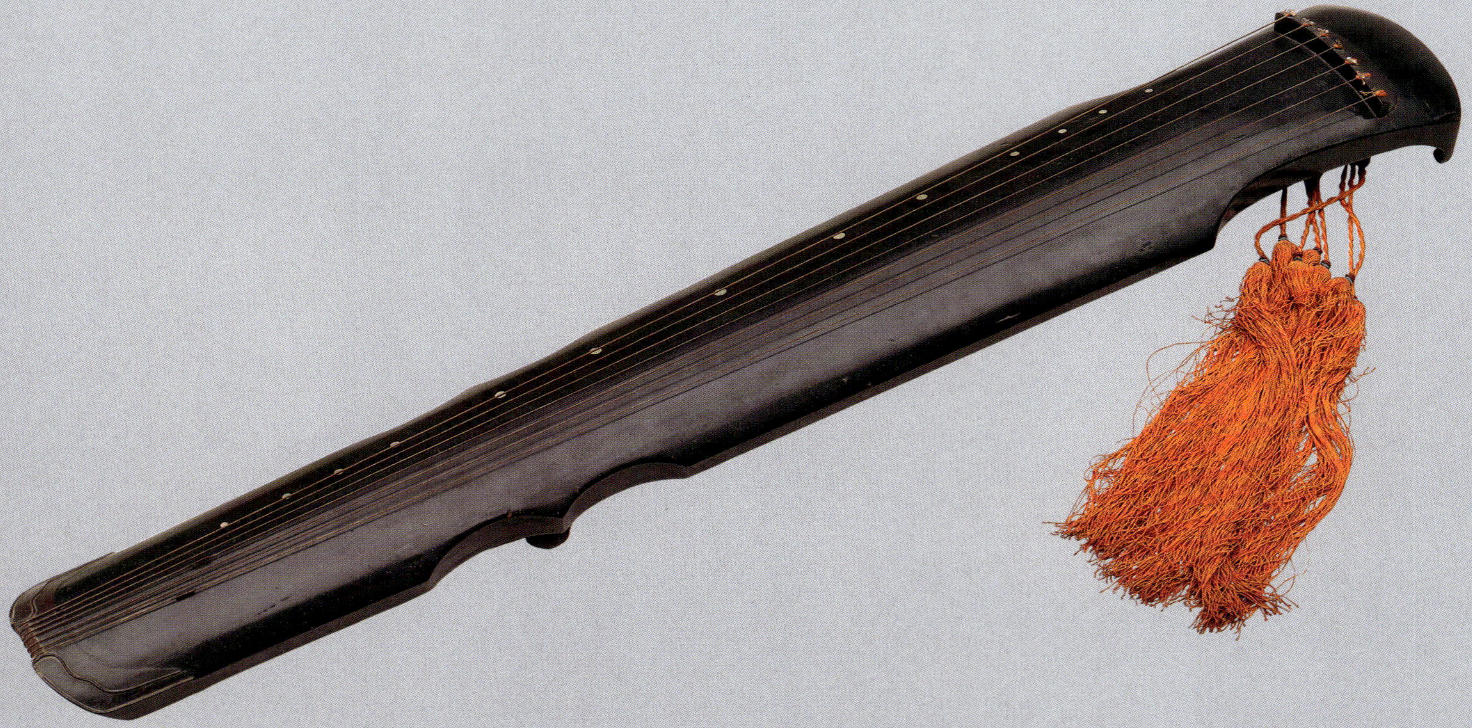

古琴

明

长 113 厘米，宽 17 厘米

首都博物馆藏

镂空云龙铜薰炉

明
通高 14.7 厘米，口径 9.2 厘米
首都博物馆藏

胡文明制云龙海兽铜手炉

明
高 6.6 厘米，长 15.6 厘米
天津博物馆藏

胭脂紫地粉彩八宝纹炉

清道光

高 24 厘米，口径 14.5 厘米，腹径 15 厘米

天津博物馆藏

镂雕夔凤纹兽耳三足玉熏炉

民国
高 14 厘米，长 20 厘米，宽 14.5 厘米
河北博物院藏

豇豆红釉印盒

清康熙
高 3.6 厘米，口径 6.3 厘米，足径 3.8 厘米
天津博物馆藏

鎏金铜印盒

清乾隆
通高 10.7 厘米，口径 7.6 厘米
首都博物馆藏

“一品百龄”金印

明
高 2.7 厘米，边长 3.8 厘米
河北省大城县刘汉儒墓出土
河北博物院藏

徐世章藏印章料（25 件）

清至民国
高 20.5 厘米，盒长 26 厘米，宽 22.5 厘米
天津博物馆藏

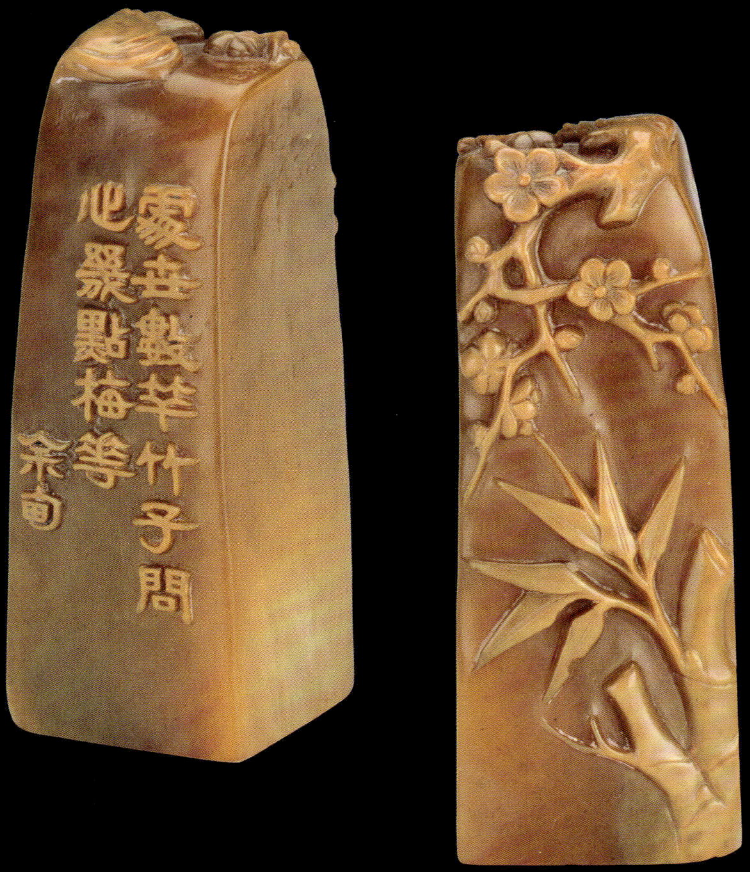

余甸田黄石“爱画入骨髓”文梅竹组印

清

高 6.8 厘米，边长 2.2 厘米

天津博物馆藏

寿山石雕葫芦随行章

清

高 4.2 厘米，长 2.5 厘米，宽 1.9 厘米

首都博物馆藏

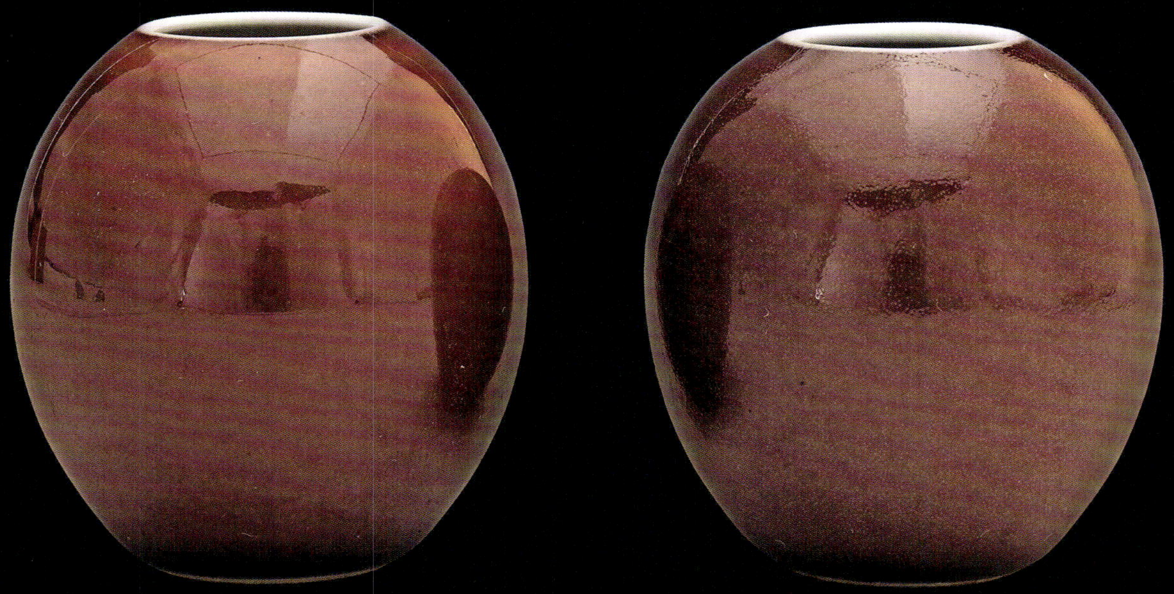

霁红釉水盂（2件）

清雍正
高 6.9 厘米，口径 2.8 厘米，底径 3 厘米
天津博物馆藏

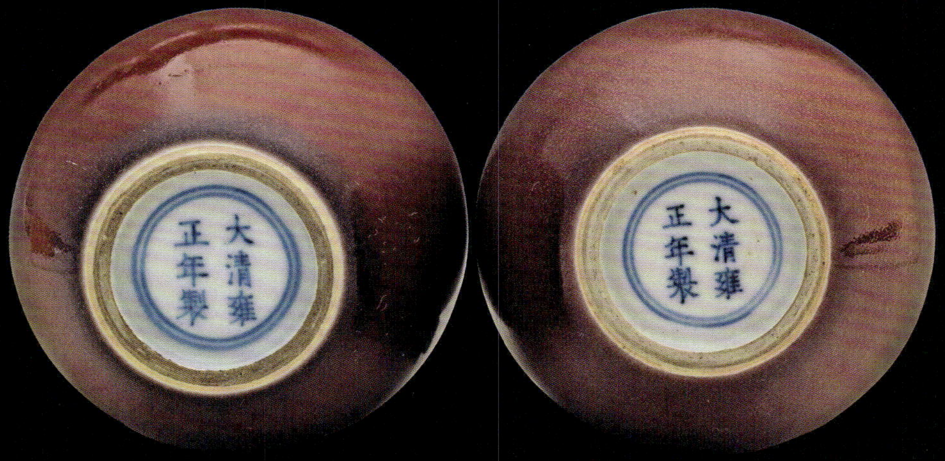

白玉镂雕蝠桃蟠螭笔洗

清

高 7.2 厘米，宽 16.5 厘米

天津博物馆藏

三羊水注

清

高 3.5 厘米，口径 3.7 厘米

首都博物馆藏

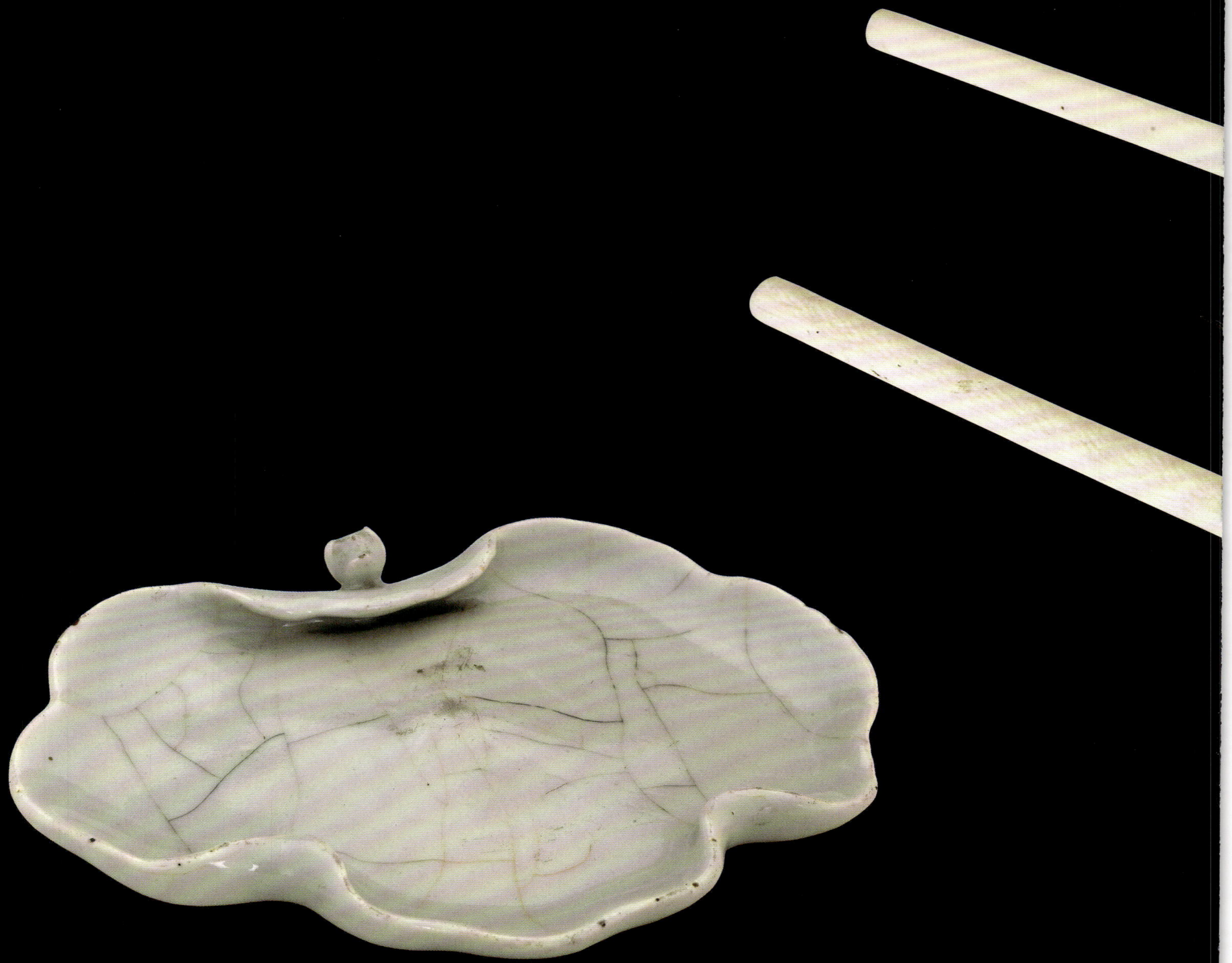

仿官窑开片纹荷叶式笔掭

清乾隆

高 2.7 厘米，长 17.3 厘米，宽 12 厘米

天津博物馆藏

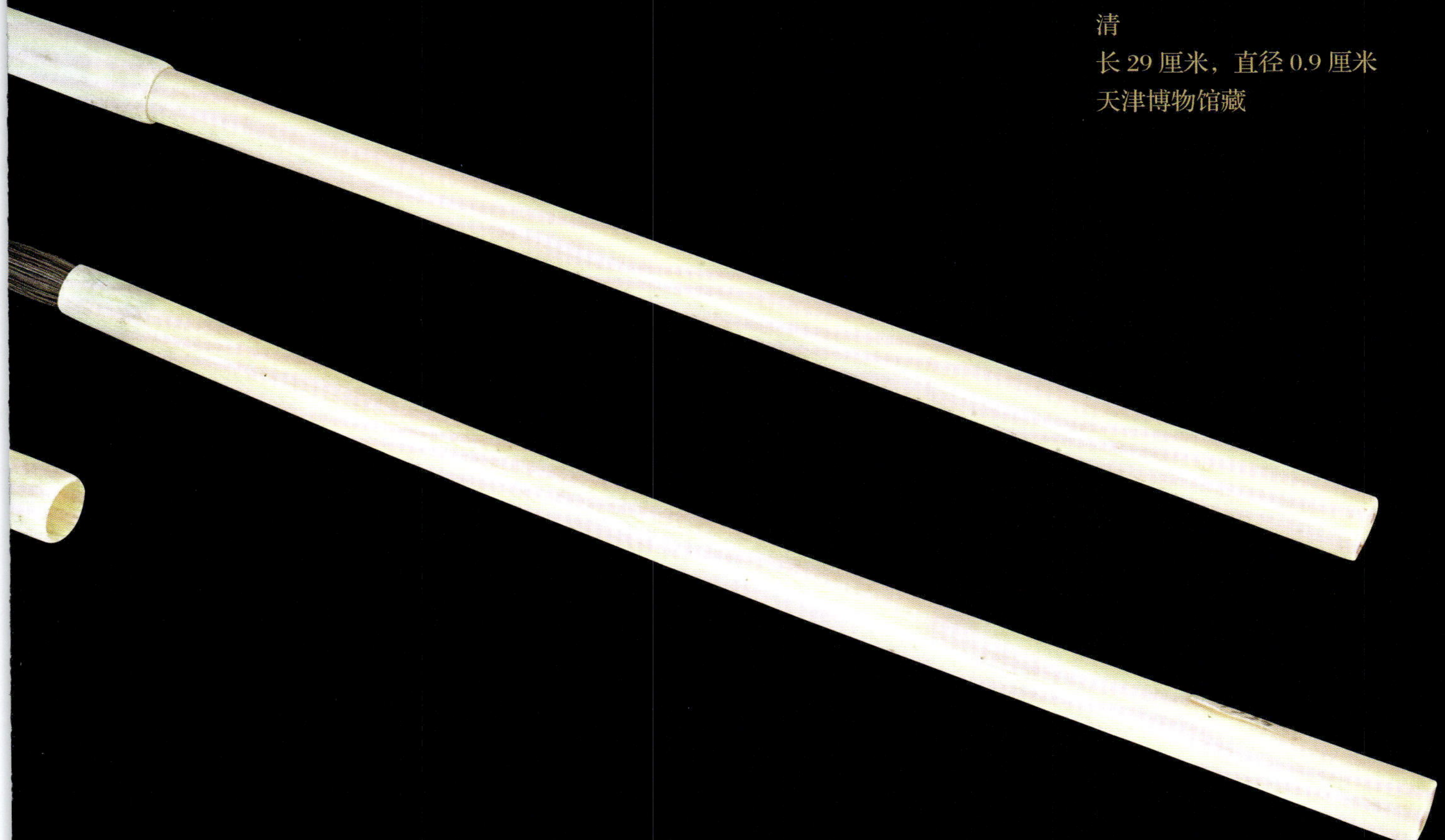

象牙管毛笔（2 件）

清
长 29 厘米，直径 0.9 厘米
天津博物馆藏

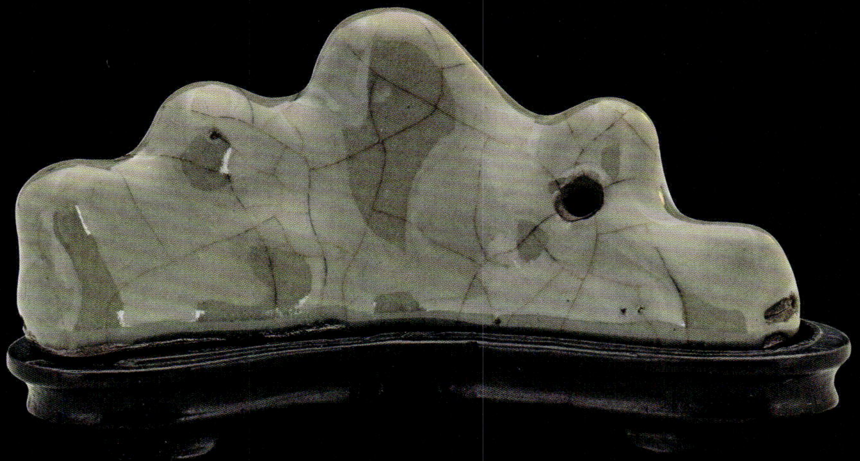

仿哥窑青釉山形笔架

清
高 3.7 厘米，长 9.3 厘米，宽 3.1 厘米
天津博物馆藏

釉里三色花蝶纹笔筒

清康熙
高 15 厘米，口径 18 厘米，底径 17.8 厘米
天津博物馆藏

仿竹雕瓷鹤鹿笔筒

清乾隆
高 14.6 厘米，口径 15.8 厘米
首都博物馆藏

胡开文制富贵寿考墨

清
长 9.5 厘米，宽 2.2 厘米
天津博物馆藏

蝠桃纹端砚

清
高 1.4 厘米，长 11.8 厘米，宽 8.2 厘米
天津博物馆藏

青玉兽形砚滴

清

高 5 厘米，长 10 厘米

河北博物院藏

嵌银丝鸟铜镇纸

明

高 5.9 厘米，宽 9.1 厘米

天津博物馆藏

文美斋癸卯（1903年）
水印张兆祥菊花宣纸

清

纵134厘米，横45.2厘米

天津博物馆藏

釉里红竹纹臂搁

清雍正
长 17.8 厘米，宽 8 厘米
天津博物馆藏

御刻三希堂法帖（一套 32 册）

清
纵 28.3 厘米，横 17.7 厘米
天津博物馆藏

卢葵生漆砂文具盒（一套 6 件）

清

高 11 厘米，长 25.6 厘米，宽 26.2 厘米

天津博物馆藏

青玉泛舟山子

清

高 16.1 厘米，宽 17.7 厘米

天津博物馆藏

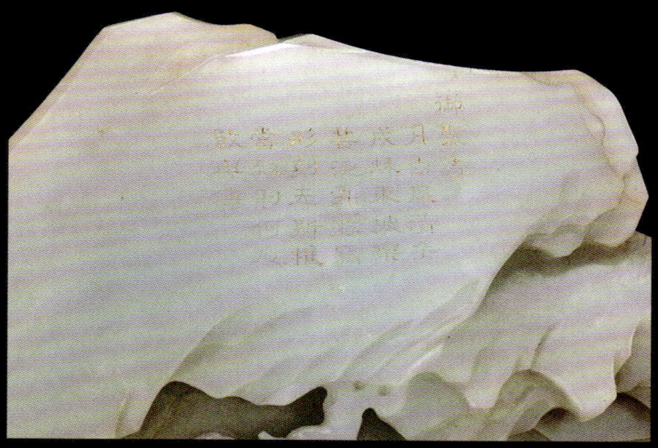

青玉圆雕人物山子

清
高 13.5 厘米
河北博物院藏

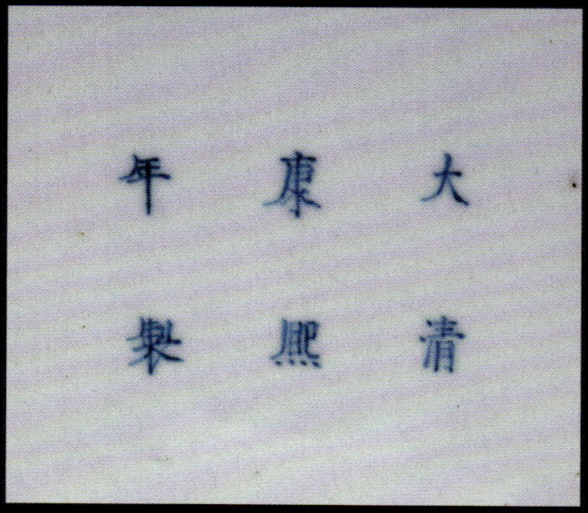

豇豆红釉太白尊

清康熙

高 9 厘米，口径 3.2 厘米，底径 12.5 厘米

天津博物馆藏

粉彩仕女弈棋图瓶

清雍正
高 41.7 厘米，口径 11.8 厘米
天津博物馆藏

象牙雕松芝如意

清
长 30.5 厘米，宽 6.1 厘米
天津博物馆藏

双螭铜葫芦瓶

明宣德
高 15.1 厘米，口径 1.8 厘米
天津博物馆藏

万历款鎏金铜鼎

明万历

高 14.5 厘米，口径 12.9 厘米

天津博物馆藏

居家的情趣不仅体现在静态的环境及陈设，更多地表现在人们于娱乐中体验到的快乐。生活的美好与吉祥在人们的欢乐中得到最大的满足。许多起源于中国的传统娱乐，成为古人生活中必不可少的内容，老少咸宜，丰富多彩，充满了生活的智慧与惬意。

第三部分 娱乐休闲

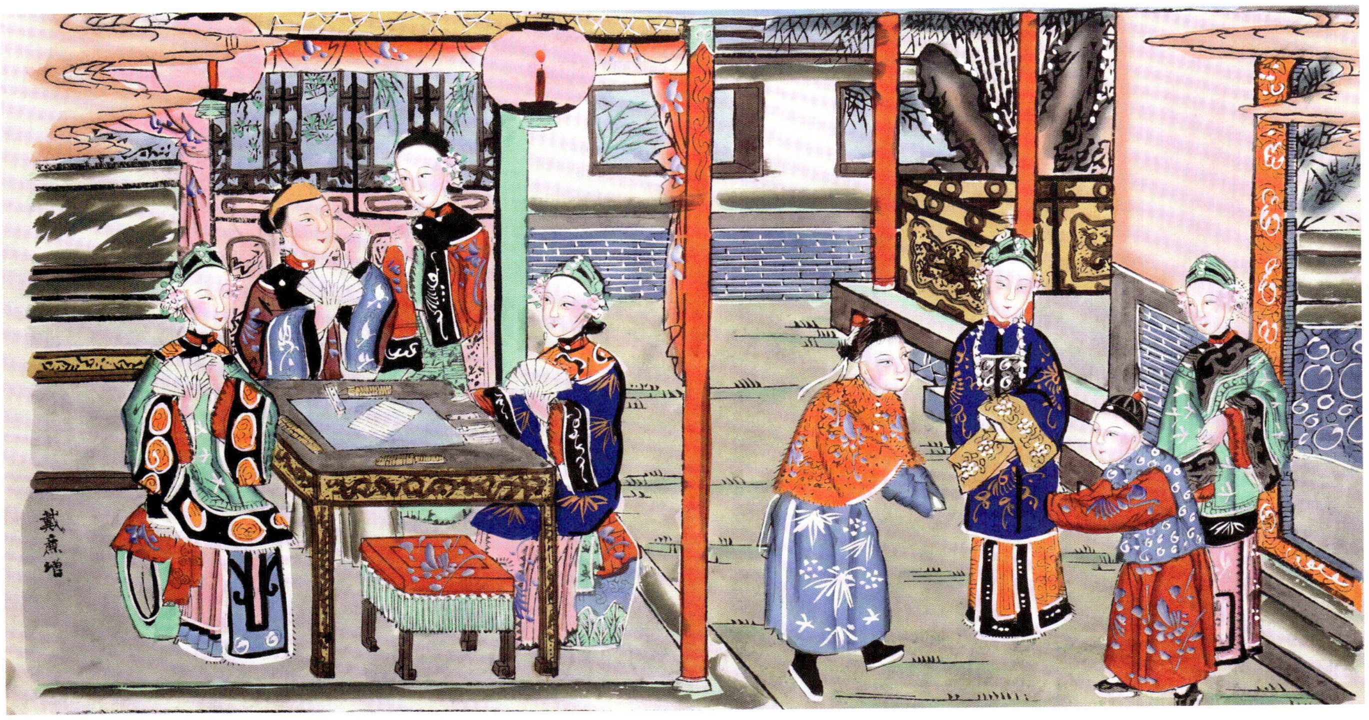

着色年画

清
纵 34.9 厘米，横 59.5 厘米
首都博物馆藏

叶子戏是中国古老的汉族纸牌博戏，最早出现于唐代。有专家认为它是扑克、字牌和麻将的鼻祖。叶子戏在中国有很长的历史，至清代，样式及打法已基本完善，并有逐渐演变至马吊牌的说法。因此，李约瑟博士在《中国科学技术史》中，将桥牌的发明权归于中国人。

婴戏图

清
纵 56.7 厘米，横 101.8 厘米
首都博物馆藏

杨柳青年画三裁墨线猜拳畅饮

民国

纵 36 厘米，横 62 厘米

天津博物馆藏

檀香曲牌酒筹（一套）

明

长 13.5 厘米，宽 1 厘米

首都博物馆藏

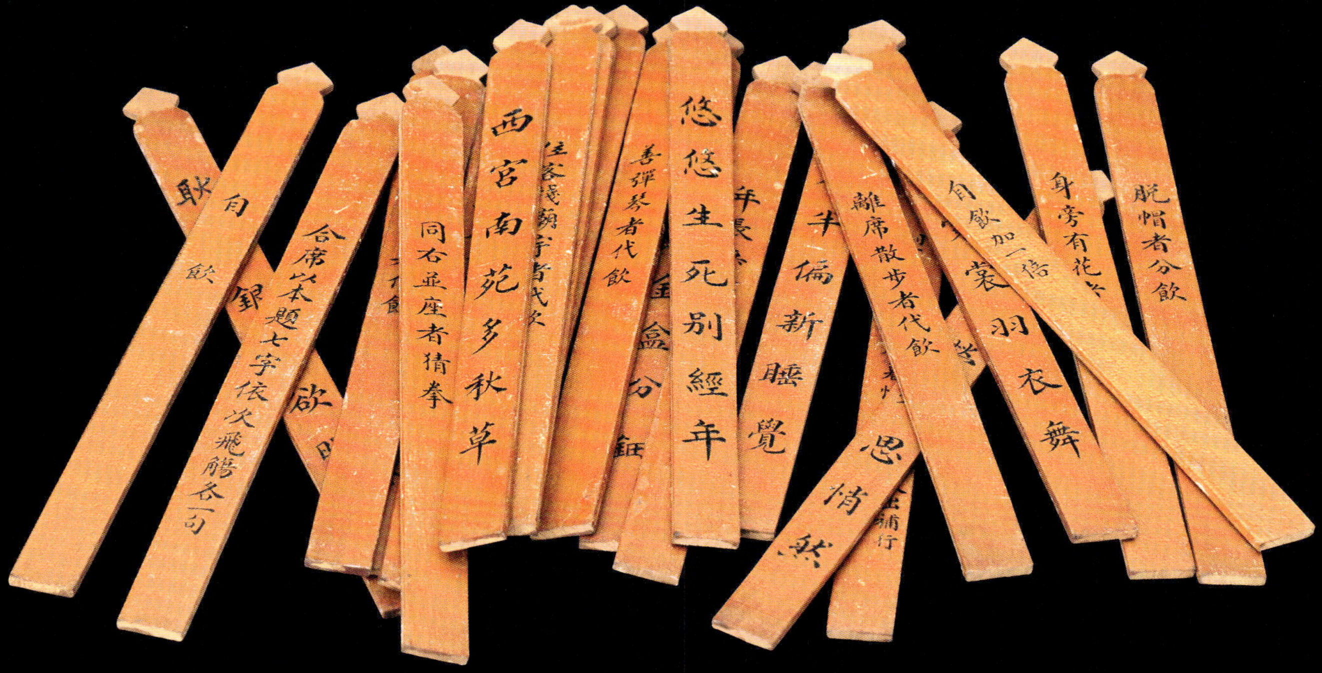

无款设色五老观棋图轴

明

纵 141.8 厘米，横 81 厘米

首都博物馆藏

围棋女行乐图

清

纵 64 厘米，横 41.7 厘米

首都博物馆藏

木围棋盒

民国

直径 12.5 厘米

河北博物院藏

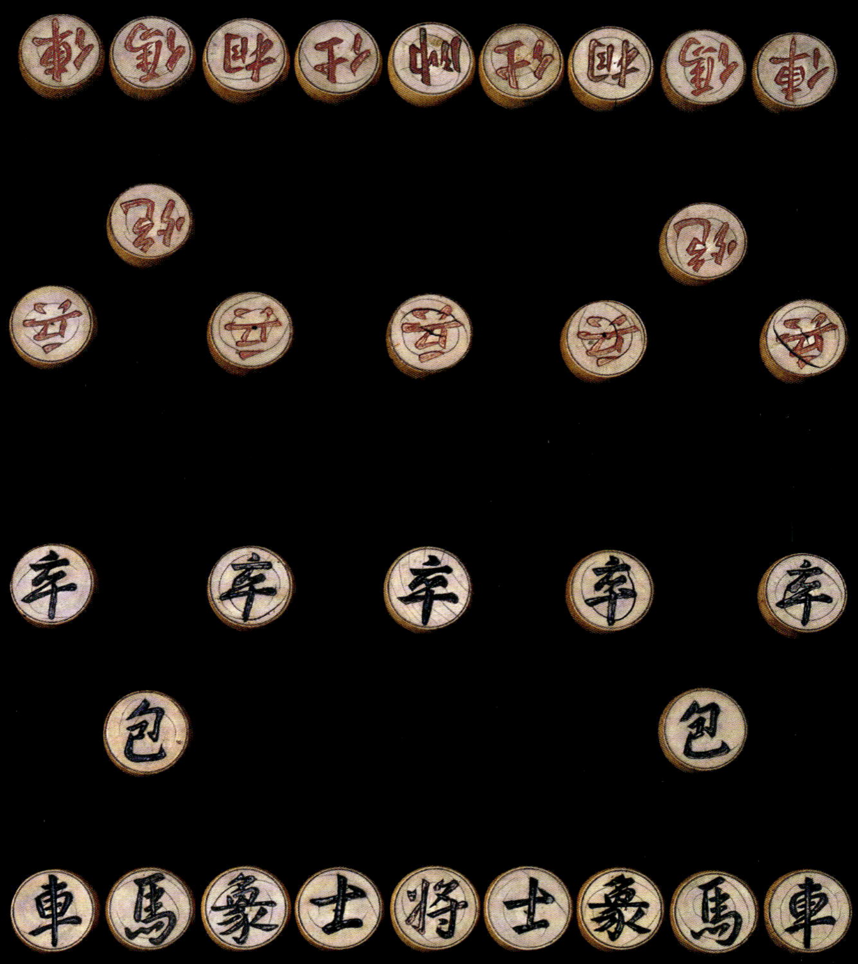

象牙象棋子

清

直径 2.7 厘米，厚 1.3 厘米

首都博物馆藏

着色年画

清

纵 35.1 厘米、横 59.8 厘米

首都博物馆藏

琵琶美人

清

纵 129.2 厘米，横 62.1 厘米

首都博物馆藏

琴枘（2件）

西汉
高 2.4 ～ 7.2 厘米
河北省满城县中山靖王刘胜墓出土
河北博物院藏

铜说唱俑（2件）

西汉
高 7.7 厘米
河北省满城县中山靖王刘胜墓出土
河北博物院藏

唱影戏图

清

纵 65.5 厘米，横 131.8 厘米

首都博物馆藏

着色年画

清

纵 35.2 厘米，横 59.4 厘米

首都博物馆藏

粉彩鱼藻纹蛐蛐罐

清

高 6 厘米，直径 8.5 厘米

河北博物院藏

斗蟋蟀是汉族民间一项古老的娱乐活动，始于唐代，盛行于宋代。斗蟋蟀通常是在陶制或瓷制的蛐蛐罐中进行，有一定的仪式，事先要将蟋蟀隔离，以防止在开斗前作弊。蟋蟀将按称重配对。对战双方通常是雄性会磨擦翅膀，发出唧唧声，正是这种声音让蟋蟀得名“蛐蛐”。最善斗的当属蟋蟀科的墨蛉，百姓称其为黑头将军。一只既能鸣又善斗的好蟋蟀，不但会成为斗蛐蛐者的荣耀，同样会成为蟋蟀王国中的王者。

粉彩花鸟纹蛐蛐罐

清

高 8.5 厘米，直径 10.2 厘米

河北博物院藏

蛐蛐罐

民国

高 10 厘米，直径 12 厘米

首都博物馆藏

蝈蝈葫芦（2 件）

民国

高 6 厘米

首都博物馆藏

鸽哨

民国
高 5 厘米
首都博物馆藏

鸽哨已有上千年的历史，人们玩鸽子，配上鸽哨，一来鸽子飞的时候哨声美妙，二来鸽子飞近飞远可以凭声音判断。制造鸽哨的主要材料有苇、竹、葫芦、瓢。其中竹的用途最广。

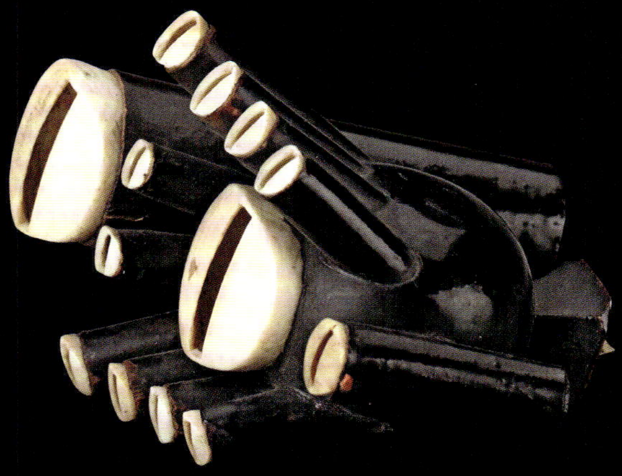

龙泉窑鸟食罐

宋
腹径 4.7 厘米
河北博物院藏

青花鸟食罐

清雍正
长 9 厘米
河北博物院藏

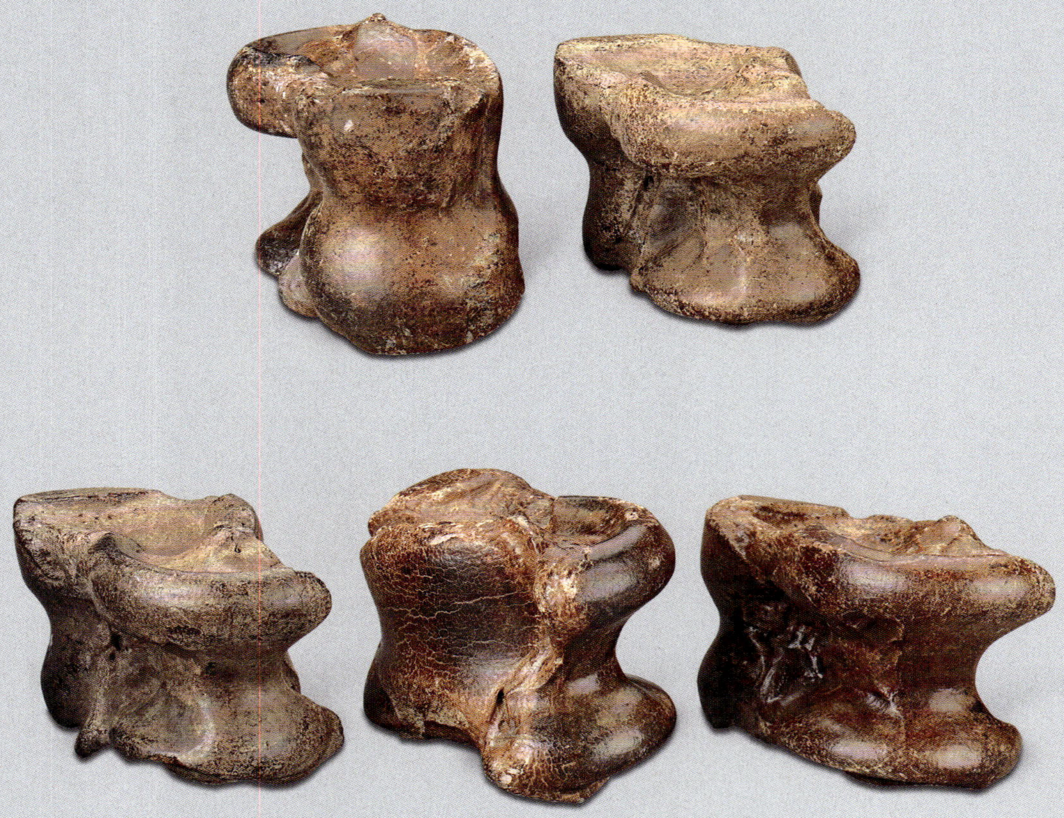

满族传统玩具“嘎拉哈”

清
高 5 厘米，长 4.5 厘米，宽 8 厘米
首都博物馆藏

嘎拉哈是满语的汉语音译，原指兽类或畜类后腿膝盖部位、腿骨和胫骨交接处的一块独立的拐踝骨，多取之于猪、羊、鹿、狍、麋、獐、牛、骆驼等动物。古代北方民族喜欢养猪，猪的嘎拉哈最容易弄到，所以最常见。北魏时，嘎拉哈开始成为北方各民族的一种游戏器具。据杨宾《柳边纪略》记载：满族“童子相戏，多剔獐、狍、麋、鹿前腿前骨，以锡灌其窍，名噶什哈，或三或五，堆地上，击之中者，尽取所堆，不中者与堆者一枚”。可见，当时玩嘎拉哈的主角是男孩，以击打为主。后来，玩嘎拉哈的主角发展为女孩，并且更为流行。据满族有关资料记载，因为在正月里有规定不许姑娘们动针线，于是女孩子们就兴起了这种在屋里炕上能玩的游戏。所以明清时玩嘎拉哈在满族闺中盛行，并演变成一种传统的民间文体游戏。嘎拉哈的玩法很多，最平常的一种玩法是欻的一种。

仿仇英款设色春苑戏猫图轴

清

纵 64 厘米，横 35 厘米

首都博物馆藏

着色年画

清

纵 35.1 厘米，横 59.6 厘米

首都博物馆藏

杨柳青着色年画

清

纵 61.5 厘米，横 110 厘米

首都博物馆藏

着色故事年画

清
纵 35 厘米，横 59.4 厘米
首都博物馆藏

八音盒

清
高 39.8 厘米，长 92.5 厘米，宽 42.5 厘米
首都博物馆藏

魏元泰（1872～1961年），天津人，以制作风筝享名，人称“风筝魏”。初在北门外蒋记天福斋扎彩铺学徒。后在东门里大街开设长清斋扎彩铺，钻研风筝制造的技艺。由最初的做手拍类风筝，发展为圆形立体和软翅风筝，最后又创造出能够折叠的风筝。

魏元泰制哪吒闹海风筝

横101厘米
天津博物馆藏

魏元泰制五尺河蟹风筝

横135厘米
天津博物馆藏

朱竹萱制鹰风筝

清

横 110 厘米

天津博物馆藏

芦塘垂钓行乐图

清

纵 150.6 厘米，横 83.7 厘米

首都博物馆藏

李育设色婴戏图轴

清
纵 117 厘米，横 58 厘米
首都博物馆藏

杨柳青着色年画“大逛花灯”

清

纵 61.5 厘米，横 110.4 厘米

首都博物馆藏

灯谜是谜语的一种。谜语为古代汉族民间的传统益智游戏，历经数千年的演变和发展，具有深厚的文化底蕴。宋代谜语迅速发展，同时诞生了“灯谜”。谜语一般由谜面、谜目和谜底三部分组成。分两大类，一类叫事物谜，就是常说的谜语；另一类叫文义谜，也就是灯谜。

杨柳青年画宫尖墨线正月十五逛花灯

民国

纵 64 厘米，横 119 厘米

天津博物馆藏

陈煦设色婴戏图轴

民国

纵 99.4 厘米，横 31.8 厘米

首都博物馆藏

无款打猎图通景屏（12 幅）

清

纵 168 厘米，横 52 厘米

首都博物馆藏

无款观射图

清

纵 143.2 厘米，横 62.7 厘米

首都博物馆藏

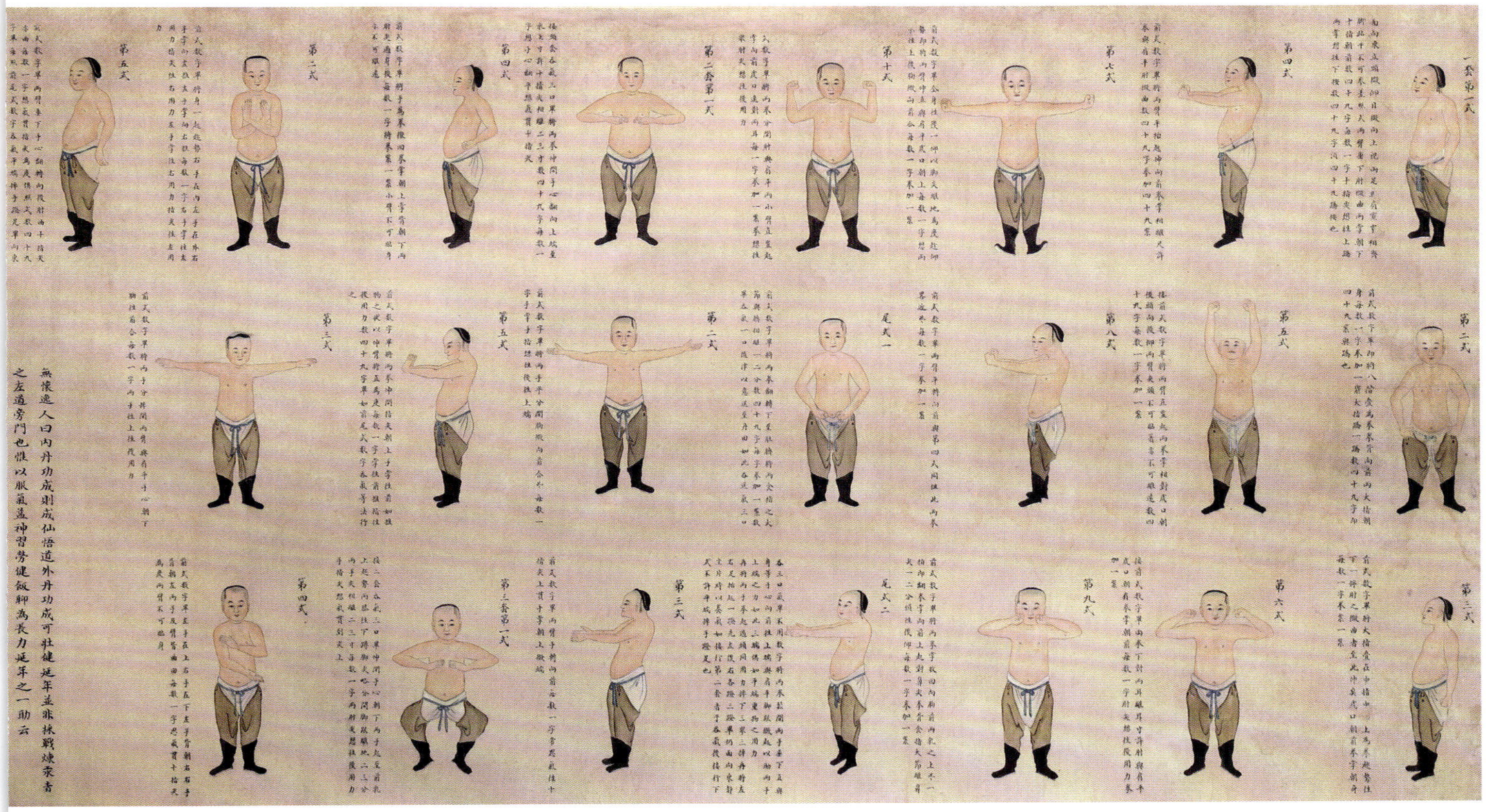

练气武功图

清

纵 88.7 厘米，横 163.5 厘米

首都博物馆藏

探妙知天工

艺术篇

古人在生活中不断探索，从最初的基本生存，到文明的发展，艺术的诞生。中华民族优秀的传统文化对艺术的影响根深蒂固。他们从生活中发现美、提炼美、创造美，体现在各种具有实用功能的生活器具上，以及抒发内心情感的书画作品中。

耄耋行乐图

首都博物馆藏

第一部分 理想意境

古代艺术品的产生及内涵，蕴含了深厚的、丰富的古人对生活的认识、态度及追求，真实地反映了古人心中的理想，以及他们对美好生活的祈盼与愿景。每一类器物都有其自身起源、兴盛、衰败的发展脉络，但是在造型、内容、纹饰、工艺等方面无不渗透着古人的理想意境。京津冀古代生活中的艺术品反映了古人美观与实用相结合，写意与写实相结合的理念，由实用品到艺术品体现了古人来源生活、提升、美化生活的追求。

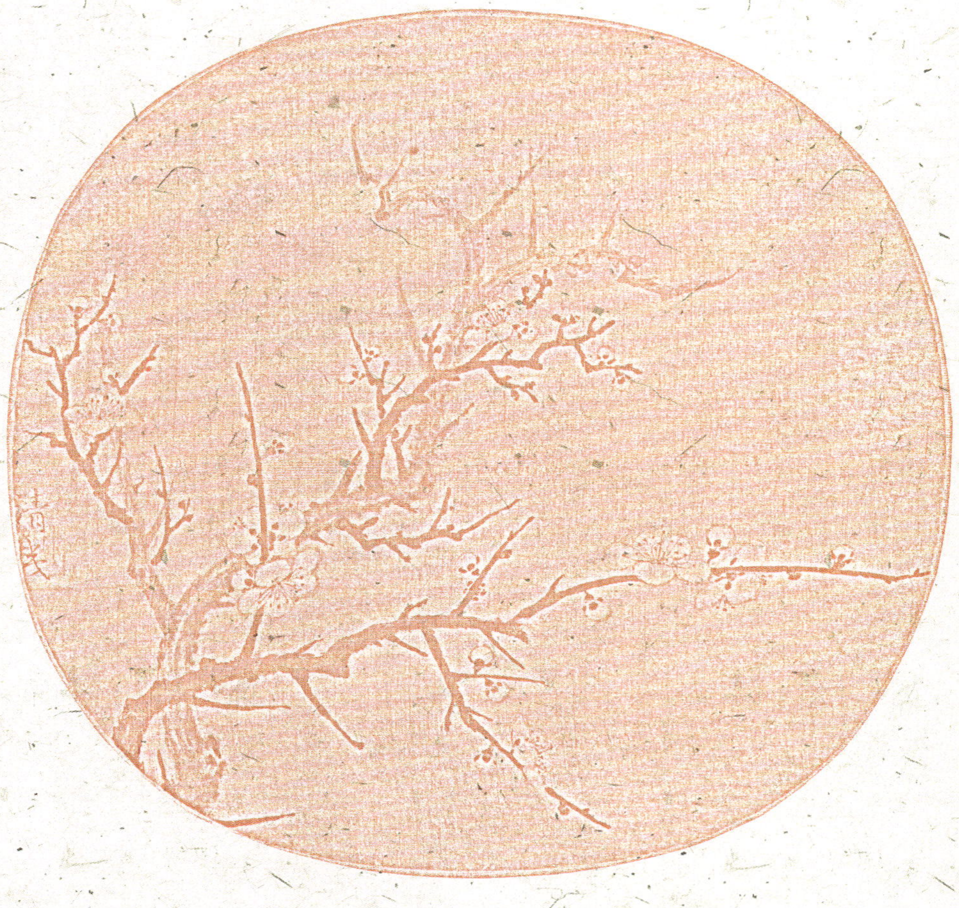

《庄子·外篇·天道》曰："朴素而天下莫能与之争美"，中国古代艺术一直将其作为理想之美的典范。邢窑"类银类雪"的白瓷，以及定窑白瓷都是对古人这种朴素为美的最好诠释。古代艺术追求的最佳境界，即所谓"大巧若拙""大匠不雕"的天然之境。磁州窑从自然、人文中吸收鲜活的创作元素，将山水风景、动物花鸟、人物故事等用于纹饰，创作出的作品焕发出蓬勃的生命力。其中最具特色的白地黑彩，颇似中国水墨画，具有粗犷洒脱的北国气韵和乡土气息。

灰陶带字罐

战国

高 18.2 厘米，口径 14 厘米

北京市大兴区青云店公社出土

首都博物馆藏

青瓷高足盘

隋

高 12 厘米，口径 31.5 厘米

首都博物馆藏

邢窑白釉执壶

唐
高 15.5 厘米
河北博物院藏

唐、五代时期瓷器的生产形成了“南青北白”的局面，北方以邢窑“类银类雪”的白瓷为代表。邢窑的窑址在河北内丘。

定窑白釉弦纹三足樽

宋
高 11.4 厘米，口径 17.3 厘米
天津博物馆藏

位于河北曲阳涧磁村的定窑是宋代五大名窑之一。定窑白瓷胎质细腻洁白，釉色白中闪黄，光润洁净，外壁有垂釉现象，形如“泪痕”，还有竹丝刷痕。此三足樽是定窑的代表作，以造型优美，传世品稀少而弥足珍贵。

定窑白釉贴花瓜棱形提梁壶

辽
高 13.1 厘米，口径 1.8 厘米，足径 4.7 厘米
天津博物馆藏

磁州窑张大家枕款白地黑彩题诗八方枕

宋
前高 7.9 厘米，后高 10.4 厘米，长 30.3 厘米，
底对角线长 27.6 厘米
天津博物馆藏

宋代民窑窑口多，地域广，瓷器的品种、釉色和造型都达到了历史的高峰。磁州窑系是我国北方最大的一个民窑体系，以河北磁县的观台窑和邯郸彭城窑为中心窑场。磁州窑产品以白地黑彩、褐彩著称。

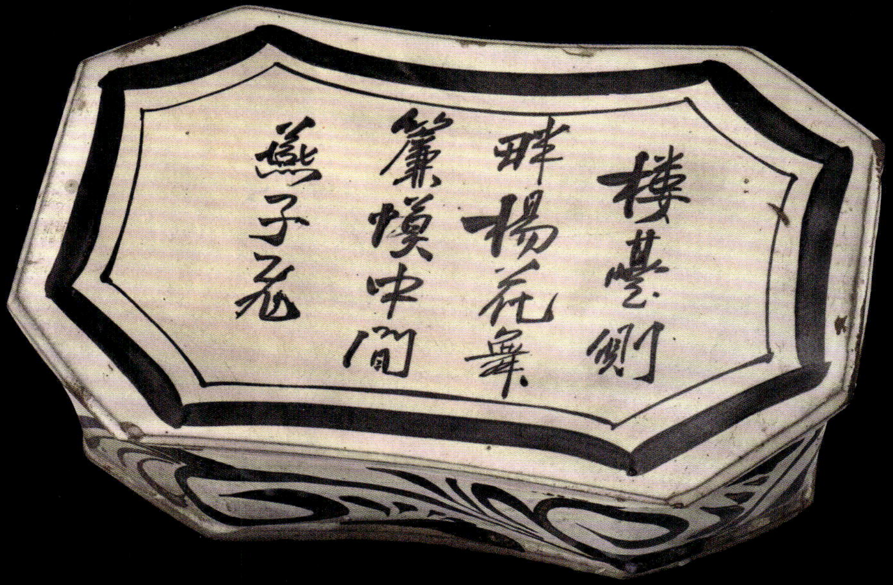

磁州窑褐彩婴戏图罐

金

高 27 厘米，口径 17.3 厘米，足径 12 厘米

天津博物馆藏

磁州窑白釉黑彩划花龙凤纹罐

元

高 33.1 厘米，口径 17.7 厘米，足径 15.2 厘米

天津博物馆藏

井陉窑白釉赭彩印花鹿纹云头式枕

宋

前高 11.5 厘米，后高 14.7 厘米，长 24.9 厘米，宽 21.4 厘米

天津博物馆藏

井陉窑以烧造白瓷为主，兼烧酱釉、黑褐釉、绿釉、黄釉、天目釉瓷器及三彩。装饰技法有点彩、划花、刻花、印花、戳印等，纹饰题材多为民间喜闻乐见的花卉、动物和人物。

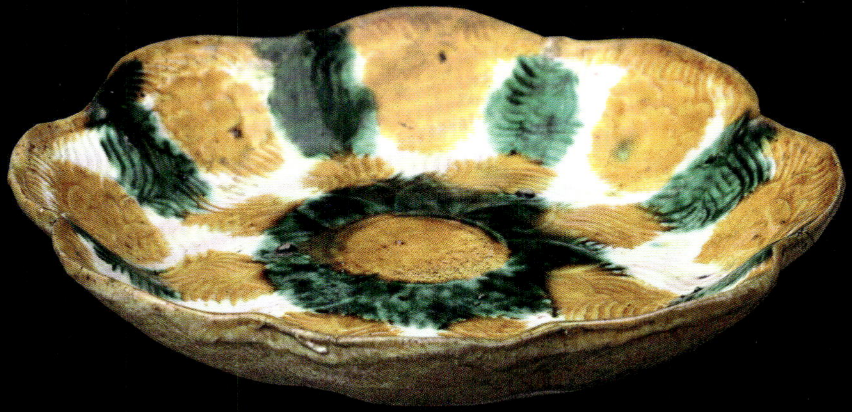

龙泉务窑三彩花口盘

辽
高 2 厘米，口径 13.5 厘米
首都博物馆藏

龙泉务窑坐落在京西，其风格受定窑的影响比较明显，属于辽白瓷，但也烧一些茶叶末釉、褐酱釉瓷以及辽三彩。

龙泉务窑三彩钵

辽
高 14.4 厘米，口径 14.4 厘米
首都博物馆藏

五代后梁时期最具影响的山水画家荆浩在其《画山水赋》中说："凡画山水，意在笔先。"中国古代艺术的最大特点就是注重意境。具有代表性刻铭的艺术品如文人画。文人画体现出中国古代人极高的审美追求，是艺术极为高级的表现形式。诗、书、画、印相结合，丰富了画面内容，扩展了画面传达的理想意境。松四季常青，竹经冬不凋，梅迎寒开花。因这三种植物在寒冬时节仍能保持顽强的生命力，所以在中国古代绘画等艺术创作中常常用松、竹、梅象征高尚、正直等中国传统文化所崇尚的品格，从而将艺术创作与精神追求相结合。

扬无咎墨梅图页

南宋

纵 23 厘米，横 24 厘米

天津博物馆藏

李衎双钩竹图轴

元

纵 75.5 厘米，横 29.5 厘米

天津博物馆藏

李衎（1245～1320 年），擅画竹，师法文同、王庭筠，墨笔、双钩设色均佳。元代的文人画家均擅墨竹，强调笔墨趣味。

金润溪山真赏图卷

明

纵 29 厘米，横 106.5 厘米

天津博物馆藏

金润（1405 ～ 1478 年尚在），擅画山水。此图卷为目前所知其传世孤本。

白玉兽纽“松菊犹存”印

明

高 2.5 厘米，长 2.6 厘米，宽 2.6 厘米

天津博物馆藏

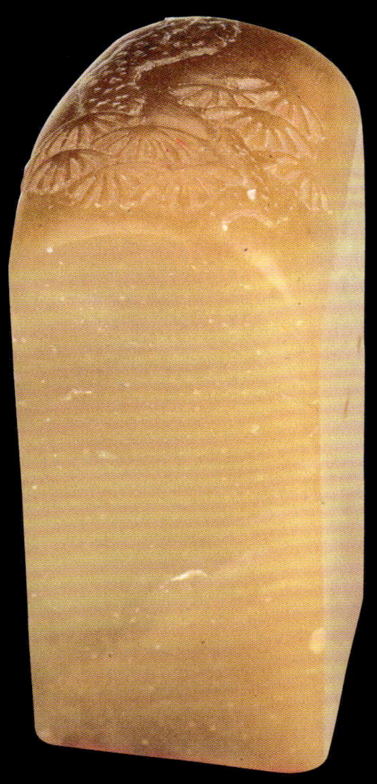

青田石松树纽印

清

高 3.3 厘米，宽 1.2 厘米

天津博物馆藏

行有恒堂刻青田石透雕云龙成套印（6 件）

清

高 5.3 厘米，长 13.1 厘米，宽 9 厘米

天津博物馆藏

中国古代艺术品往往通过名称谐音、图案形象、刻铭等形式表现吉祥等寓意，可以说是“玉必有工，工必有意”，“有画必有意，有意必吉祥”。中国古代艺术品中蕴含的寓意，很大程度上反映了当时人们的理想、情趣。

羊灯

汉
高 9.7 厘米，横 13.5 厘米
天津博物馆藏

羊呈跪卧状，昂首，长角卷曲，背部可以向上翻转成为置捻处，周身刻细毛。制作精巧。羊，寓意吉祥，以羊为型，或许是古人向往和追求吉庆祥瑞观念的物化表现。

贮爵

商
高 19.4 厘米，口径（流至尾长）18.6 厘米
天津博物馆藏

流狭长，尾短宽，柱在流与口的相接处，卵形腹，足较高。腹部饰兽面纹。鋬内铭一字。兽面纹展现的是一种想象中的神秘怪兽，反映了人们对自然神的崇拜。

“长宜子孙”铜镜

汉

直径 25.8 厘米

天津博物馆藏

通过铭文“长宜子孙”，表达古人对子子孙孙能够过上美好生活的祈盼。

“荣启奇”铜镜

唐
直径 12.9 厘米
天津博物馆藏

隋唐时期，铜镜发展进入全盛时期，铜镜种类众多，纹饰复杂，形制多变，主要流行海兽葡萄镜、花鸟镜、神仙人物故事镜。神仙人物故事镜题材广泛，包括神话传说、民间故事、历史轶闻及社会生活等内容。

“丹凤洒”双凤耳椭圆形炉

明
高 7.6 厘米，口径 14.9 厘米
天津博物馆藏

相传凤为群鸟之长，是羽虫中最美者，飞时百鸟相随。在古时被尊为鸟中之王，是祥瑞的象征。

“金玉满堂”铜镜

清
直径 35 厘米
天津博物馆藏

白玉鸳鸯柄圆盒

宋

通高 9.5 厘米

北京市密云清皇子墓出土

首都博物馆藏

玉飞天

辽
长 4.2 厘米，宽 2.3 厘米
天津博物馆藏

飞天，出自佛经，是上天“天龙八部”神之一，在汉代已从印度传入中国，玉制飞天形象至唐代开始出现。飞天传入中国后，逐渐中国化，由专事音乐和为儿童消灾，变为采百花雨露，向人间撒播幸福。

黄玉四喜人

明
长 4 厘米，宽 3.8 厘米
天津博物馆藏

四喜，一般认为象征着人生的四件喜事，即久旱逢甘雨之喜；他乡遇故知之喜；洞房花烛夜之喜；金榜挂名时之喜。寓意吉祥如意，美好幸福。

碧玉八吉祥龙纹透花圆屏

清

通高 13.8 厘米，圆径 8 厘米

首都博物馆藏

八吉祥为传统吉祥纹样，包括法螺、法轮、宝伞、白盖、莲花、宝瓶、金鱼、盘长。

青花石榴尊

明宣德
高 18.5 厘米、径 11 厘米
北京市海淀区上庄公社大队出土
首都博物馆藏

斗彩鱼藻罐

清康熙
高 22 厘米，口径 2.8 厘米
首都博物馆藏

“鱼”与“余”同音，具有“富贵有余”“连年有余”的含义。鱼藻纹是各个时期瓷器装饰的传统题材，在明清两代尤为常见。

粉彩八宝纹冰盘

清光绪
口径 38.1 厘米
河北博物院藏

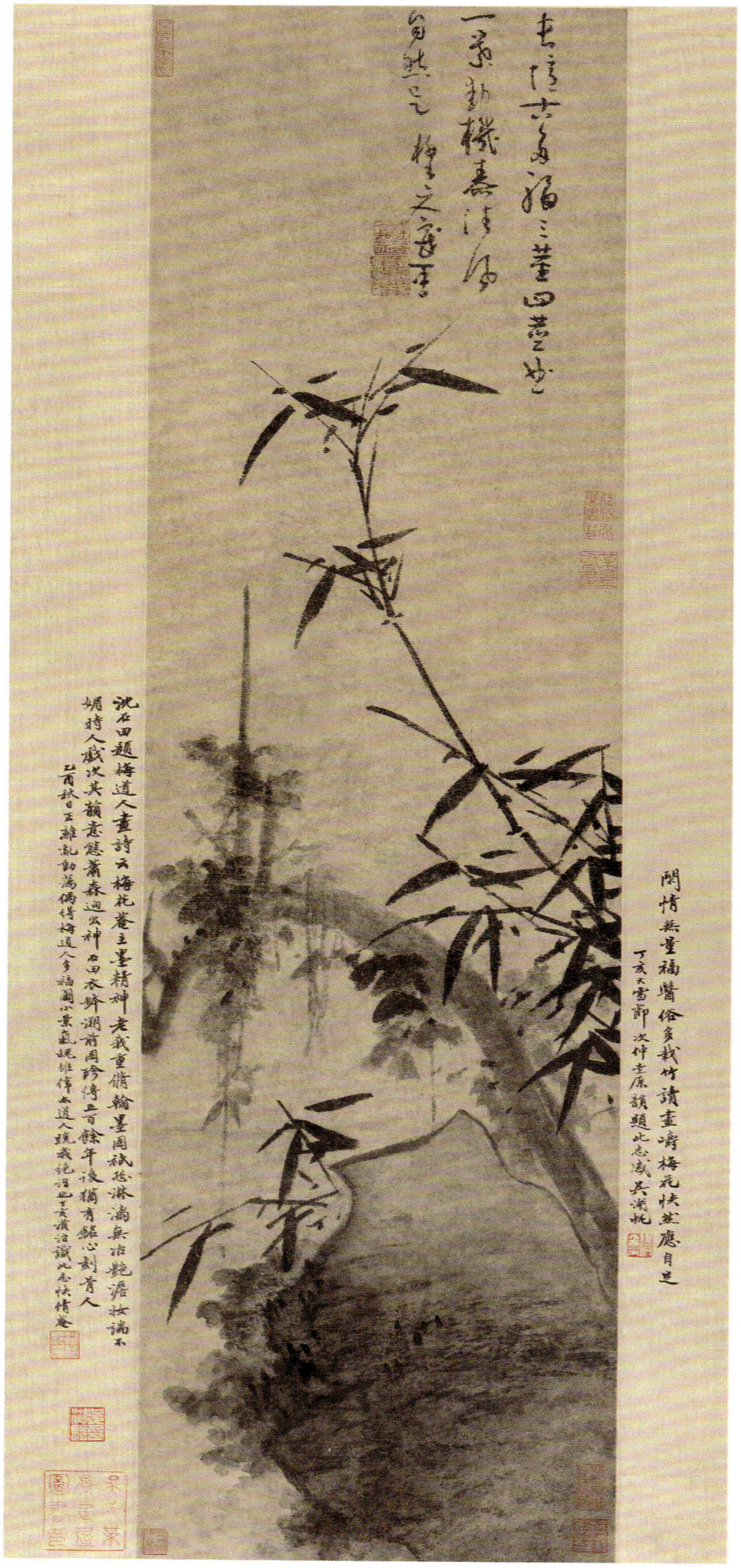

吴镇多福图轴

元

纵 96 厘米，横 28.5 厘米

天津博物馆藏

任熊人物图轴

清

纵 178.5 厘米，横 94.2 厘米

天津博物馆藏

任熊（1823～1857 年），工人物、山水、花卉，尤擅人物。“福禄寿”三星是人物画中常见的具有吉祥寓意的题材。

古代艺术品在人们的生活中，扮演着重要的角色，它们是美化生活、修身养性、提升生活品质的重要载体，人们在充满艺术的氛围里，享受生活的乐趣及安逸。

紫檀木雕寿春图长方屉盒

清乾隆
高 6.3 厘米，长 16.8 厘米，宽 10.2 厘米
天津博物馆藏

盒身图案为标准的“寿春图”样式，其出自明嘉靖剔彩寿春图圆盒，其后宫廷多有仿制，乾隆时期已成为一种定式，称为“寿春宝盒”。

缂丝福禄寿三星图轴

清

纵 105 厘米，横 58.5 厘米

天津博物馆藏

工匠精神是创造中国古代辉煌技术文明的思想源泉，它陶铸的敬业奉献、精益求精的精神成为各行业崇高的职业道德标准。工匠精神不但成就了件件古代艺术精品，同时也影射出古代匠人追求尽善尽美的理念。从《诗经》中切磋琢磨的形象描述到《周礼·考工记》的精确制度，再到《天工开物》的百科综合，古代手工匠人对精和美的追求从未停止。

第二部分 工匠精神

铜器铸造工艺

中国古代青铜器最早发现于新石器时代末期，经过夏、商、西周三代直到公元前 5 世纪，青铜冶铸技术已达到顶峰。青铜器制作主要采用范铸技术，从制范到浇铸有一套完整复杂的工艺程序。典雅的器形、精美的纹饰与工匠高超的制范和浇铸技术密不可分，同时铜器上又有鎏金、错金银、镶嵌等绝美的装饰艺术。

兽面纹铜斝

商

高 35 厘米，直径 19.3 厘米

天津博物馆藏

饕餮蕉叶纹觚

商

高 29.7 厘米，口径 16.4 厘米

天津博物馆藏

龙凤形铜环

汉

直径 11.3 厘米，厚 0.9 厘米

天津博物馆藏

芦明德错金银丝鎏金兽耳铜炉

明
高 6.5 厘米，直径 12.1 厘米
天津博物馆藏

仿宣德款象耳洒金铜炉

清
高 12 厘米，口径 22.5 厘米
天津博物馆藏

金银制作工艺

金银作为贵重金属，本身具有亮丽的光泽，装饰性强，而且质地柔软，延展性好，易加工，在工匠精湛巧妙的手法之下成为流光溢彩的艺术品。古代金银器加工技术精细复杂，往往多种技术综合应用，主要有锤揲、铸造、錾刻、掐丝、贴金、包金、鎏金、金银珠、累丝、金银平脱等工艺。

累丝金龙饰

清

长 7.5 厘米，宽 3.7 厘米

首都博物馆藏

錾花寿桃纹金托盘

金
高 1.3 厘米，口径 22.4 厘米
首都博物馆藏

鎏金龙纹簋式炉

明

高 9.5 厘米，口径 15 厘米

首都博物馆藏

鎏金工艺发明于春秋战国时期。鎏金是将黄金与水银按1∶7的比例溶解形成“金泥”，然后用铜棒蘸盐、矾等混合物，将金泥轻抹在器物表面，再经温烤使水银蒸发，金泥即凝固在器物表面。

嵌珠宝镂空八宝金冠顶

清
高 9.7 厘米，径 4.3 厘米
北京市丰台区右安门祖泽溥墓出土
首都博物馆藏

鎏金庆亲王银印

清光绪
高 12 厘米，纵 12.7 厘米，横 12.5 厘米
天津博物馆藏

雕刻工艺

雕刻工艺与史前石器加工有一定技术渊源，因而其工艺历史久远且应用范围广泛。一般常见的雕刻材质有玉、骨、角、牙、蚌、竹、木，主要的雕刻手法有平雕、浮雕、圆雕和透雕等，材质的多样性和不同的雕刻技法呈现出了丰富的造型和装饰艺术。

龙纹玉炉顶

元
高 5.7 厘米，宽 5.4 厘米
天津博物馆藏

凤螭纹双联玉盖瓶

清乾隆
高 16.3 厘米，宽 16.7 厘米
天津博物馆藏

青白玉夔凤纹子刚款樽

明
高 10.5 厘米，口径 6.8 厘米
北京市海淀区黑舍里氏墓出土
首都博物馆藏

明代琢玉的代表人物陆子刚，生活于嘉靖、万历时期。所制玉器选料严格，大多为新疆和阗青玉。工艺采用绘画透视等技法。并将诗文印款琢于玉器之上，将中国书画艺术与玉器工艺完美地结合在一起，增添了玉器制造工艺的艺术魅力。此玉樽为新疆和阗玉，把下有阳文篆书“子刚”两字款，是迄今所知北京地区出土的唯一带“子刚”款的玉器。

青玉宴饮图圆插屏

清乾隆
直径 21.6 厘米
首都博物馆藏

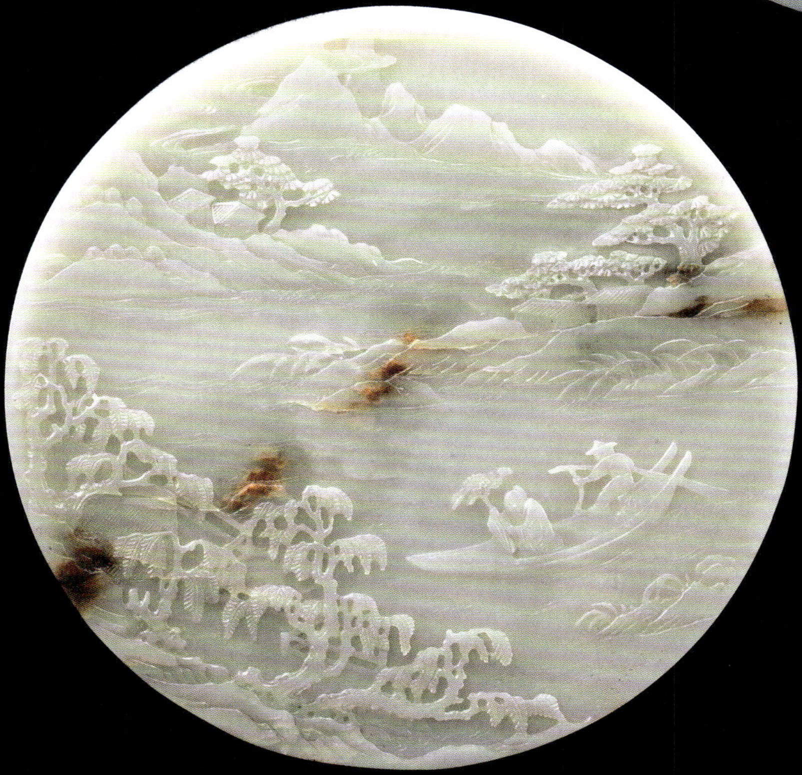

刻竹佛手形如意

清
高 6 厘米，长 60 厘米，宽 11 厘米
天津博物馆藏

檀香佛手木盘

清
长 20.4 厘米
河北博物院藏

象牙雕“凌云”砚

清

高 11.2 厘米，长 19.5 厘米，宽 10.8 厘米

天津博物馆藏

犀角蟠螭龙杯

清

高 15 厘米，最大口径 18.5 厘米

天津博物馆藏

瓷器烧制工艺

陶瓷在东汉烧造成功后，历代在造型与装饰手法上不断创新，尤其工匠对胎土和釉料配方的精准把握和变换，并结合对烧造温度的控制，创造出一件件瑰丽精彩的艺术品。魏晋南北朝时期浙江青瓷是主流；唐五代时期瓷器生产形成以越窑青瓷和邢窑白瓷为代表的南北斗奇的局面；宋代则有汝、官、哥、钧、定五大名窑，同期还有福建的建阳窑和龙泉窑影响重大；元明清时期，景德镇成为瓷器烧造中心，青花、釉里红、多色彩瓷等品种都精美无比。陶瓷艺术是中国古代生活的华章。

邢窑白釉碗

唐

高 5.4 厘米，口径 15.5 厘米

天津博物馆藏

绞胎三足盘

唐

高 4.5 厘米，口径 14.8 厘米，足径 6.3 厘米

天津博物馆藏

磁州窑白釉剔花兔纹八方枕

宋

高 7.9 ～ 10.4 厘米，长 30.3 厘米

天津博物馆藏

龙泉窑粉青釉刻莲瓣纹瓷碗

宋

高 7.4 厘米，口径 17.5 厘米，足径 4.5 厘米

天津博物馆藏

青花缠枝花纹菱花口盘

明宣德

高 6.4 厘米，口径 37.5 厘米，底径 24.2 厘米

天津博物馆藏

娇黄釉盘

明弘治
高 4.4 厘米、口径 21.5 厘米、底径 13.5 厘米
天津博物馆藏

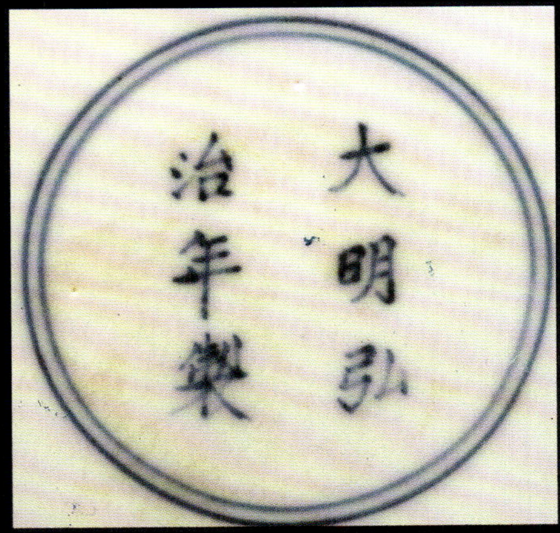

五彩鱼藻纹盖罐

明嘉靖

高 46 厘米，口径 20 厘米，足径 24.6 厘米

天津博物馆藏

霁蓝釉堆白麒麟纹象耳炉

明万历

高 12.3 厘米，口径 10.7 厘米，腹径 11.7 厘米

天津博物馆藏

郎窑红釉观音尊

清康熙

口径 15 厘米，足径 9 厘米

天津博物馆藏

酱釉描金荸荠式三系瓶

清乾隆

高 22.8 厘米，口径 4.8 厘米，足径 9.4 厘米

天津博物馆藏

髹漆工艺

漆具有良好的性能和装饰性，可在木胎和夹纻胎上施以彩绘、雕刻和镶嵌等工艺，因而漆器成为非常美观的实用器。

黄地彩漆描金佛日常明盘

清

高 4.2 厘米，直径 21.8 厘米

河北博物院藏

剔红海水三龙戏珠纹海棠式盒

清

高 9.8 厘米，长 32 厘米，宽 23 厘米

天津博物馆藏

雕漆锦纹团寿字书式盒

清

高 6 厘米，长 19.9 厘米，宽 12 厘米

天津博物馆藏

雕漆工艺出现于唐代，是在漆器表胎上涂数十道甚至上百道漆层，然后在漆层上雕刻各种花纹，使得漆器的装饰技艺从平面走向立体。按照颜色和雕刻技法，雕漆可分为剔红、剔黄、剔黑、剔彩、堆红、剔犀等多种工艺。

紫漆描金五福字碗

清

高 7.2 厘米，口径 17.4 厘米

河北博物院藏

黑漆嵌螺钿银里碗（2 件）

清乾隆

高 9.5 厘米，口径 21 厘米

首都博物馆藏

丝绣工艺

丝织品是搭建人与自然交融的桥梁，兼具实用和审美意义。古代丝织品因原料、组织结构和加工工艺的不同呈现出品种繁多、工艺复杂、群芳吐艳的面貌。

太平有象纹红缎桌围椅靠

清

桌围长 97 厘米，宽 95 厘米；椅靠长 164 厘米，宽 51 厘米

天津博物馆藏

蓝色小花织金缎

清
长 280.5 厘米，宽 79 厘米
天津博物馆藏

建筑技术

清代宫廷建筑匠师家族“样式雷”，包括雷发达、雷金玉、雷家玺、雷家玮、雷家瑞、雷思起、雷廷昌等，在清代200多年间主持皇家建筑设计，从第一代样式雷雷发达于康熙年间由江宁（今南京）来到北京，到第七代样式雷雷廷昌在光绪末年逝世，雷家有七代为皇家负责了北京故宫、三海、圆明园、颐和园、静宜园、承德避暑山庄、清东陵和西陵等重要工程的设计。因为雷家几代都是清廷样式房的掌案头目人（即首席建筑设计师），即被世人尊称为“样式雷”。

样式雷家族成员画像

清

纵166厘米，横99厘米

首都博物馆藏

雷氏家族进行建筑设计方案，都按 1 : 100 或 1 : 200 比例先制作模型小样进呈内廷，以供审定。模型用草纸板热压制成，故名烫样。雷氏家族烫样独树一帜，是了解清代建筑和设计程序的重要资料。故宫博物院收藏的 83 件烫样，由于在当时主要是为呈给皇帝审阅而制作，因而形象逼真，数据准确，具有极高的历史价值。

样式雷家族成员画像

清

纵 123 厘米，横 63 厘米

首都博物馆藏

第三部分 巧夺天工

中国古代艺术传承至今，特别是各种类型的器物，它们最初是用于生活，而不断发展成为承载古代历史、文化的艺术珍品。它们的造型、图案、纹饰等，都带有深厚的历史印记、传统文化的多姿多彩的信息。它们是中华优秀传统文化的载体、传播者，是不可再生的文明的印记。充分反映了特定时代的鲜明文化，为后人荟萃地呈现出古人智慧的结晶。

凸弦纹金饰

春秋
高 0.9 厘米
北京市延庆区龙庆峡别墅工地出土
首都博物馆藏

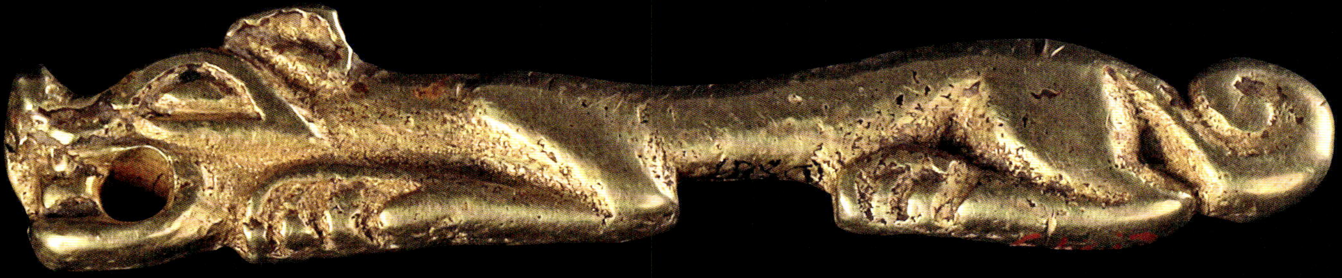

金卧兽

汉
长 6.1 厘米
河北省商都刀常元村出土
河北博物院藏

金质龟云四合饰件

元
通高 6 厘米，宽 4.6 厘米
北京市崇文区龙潭湖北铁可墓出土
首都博物馆藏

金双鱼饰件

清
长 4.7 厘米，宽 4.3 厘米
北京市大兴区红星公社南羊大队出土
首都博物馆藏

金饰件

明

通长 56.6 厘米

北京市永定门外南苑万通墓出土

首都博物馆藏

金嵌珠錾花八吉祥小塔

明

高 7 厘米，径 3.3 厘米

北京市房山区大韩继村多宝佛塔采集

首都博物馆藏

梵文双杵金圆盒

清

高 1.3 厘米，直径 5.2 厘米

北京市朝阳区西霸村半截塔出土

首都博物馆藏

镂雕龙凤纹银铺首

西汉
长 19 厘米，宽 14.9 厘米
河北省满城县中山靖王刘胜墓出土
河北博物院藏

“大吉”白玉饰

宋

高 4 厘米

天津博物馆藏

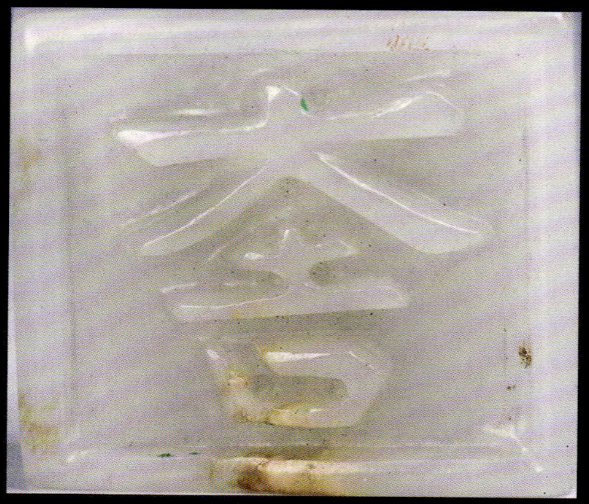

白玉凌霄花饰

元

长 12.8，宽 7.4 厘米

北京市海淀区黑舍里氏墓

首都博物馆藏

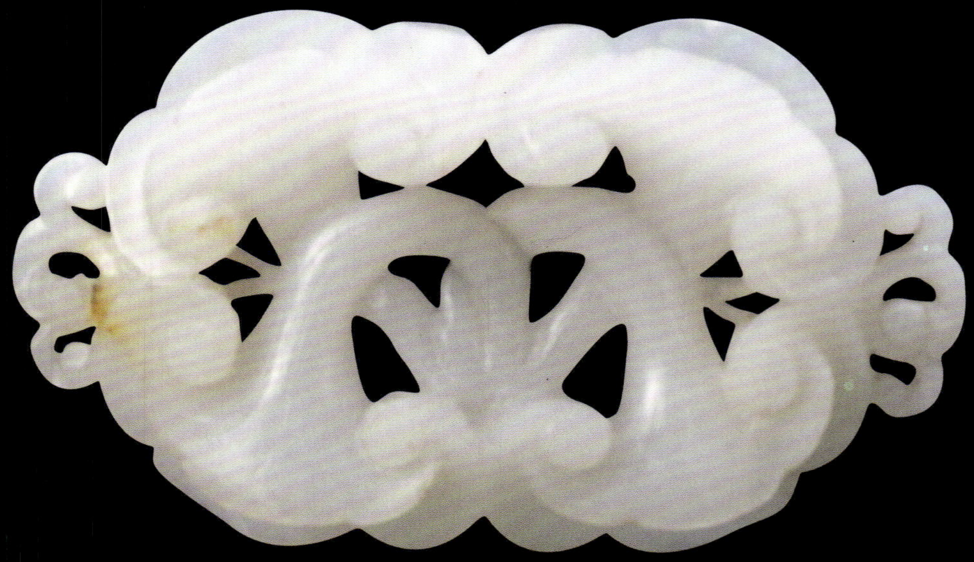

白玉透雕云鸟纹饰

明
长 5 厘米，宽 3.2 厘米
河北博物院藏

青玉透雕松鹿纹饰

清
直径 7 厘米
河北博物院藏

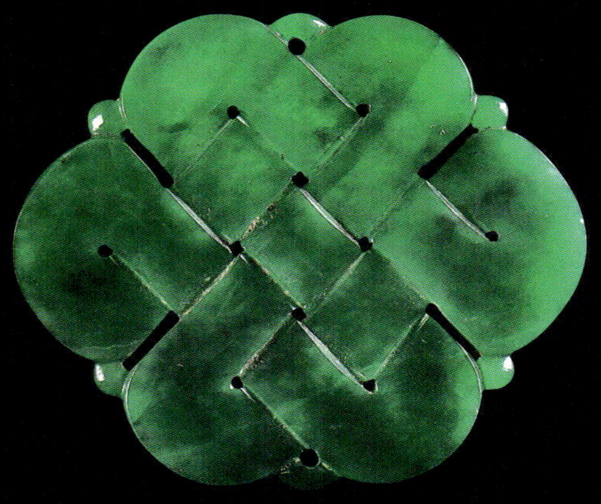

翠万字花饰

清
长 3.5 厘米，宽 3.5 厘米
河北省南皮县张之万墓出土
河北博物院藏

白玉莲鹭纹炉顶

元

高 4 厘米，最宽 2.8 厘米

元大都遗址出土

首都博物馆藏

镂雕双螭玉炉顶

元

高 2.6 厘米，长 3.2 厘米，宽 2 厘米

河北博物院藏

白玉双螭耳杯

明

高 2.8 厘米，口径 7 厘米 ×5 厘米

首都博物馆藏

青玉梅花纹匜

明

高 3 厘米，口径 7.6 厘米 ×5 厘米

首都博物馆藏

青玉花形杯

明

高 4.7 厘米，长 10.4 厘米，宽 7.6 厘米

河北博物院藏

银镶碧玉杯

民国

高 13.7 厘米，口径 7.2 厘米

首都博物馆藏

白玉菊瓣纹碗（2件）

清

高 5.1 厘米，口径 9.2 厘米

首都博物馆藏

白玉松鼠瓜形盒

清

高 5.9 厘米，长 9 厘米，宽 5.3 厘米

首都博物馆藏

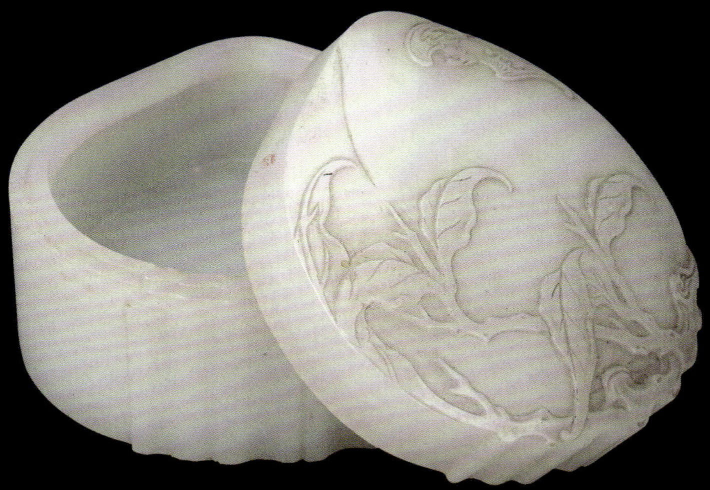

青玉桃式盒

清

高 4.3 厘米，径 6 厘米

首都博物馆藏

白玉梅花图插屏

清

高 13.4 厘米，插屏长 5.7 厘米

首都博物馆藏

红木柄青玉镂雕花卉九九如意（9件）

清

长28.3厘米

河北博物院藏

白玉松鹤福寿如意

清
高 3.2 厘米，长 32.5 厘米，柄宽 3 厘米
首都博物馆藏

紫檀柄玉雕八宝三镶如意

清
长 51.7 厘米
河北博物院藏

紫檀柄玉雕太平有象三镶如意

清

长 48 厘米

河北博物院藏

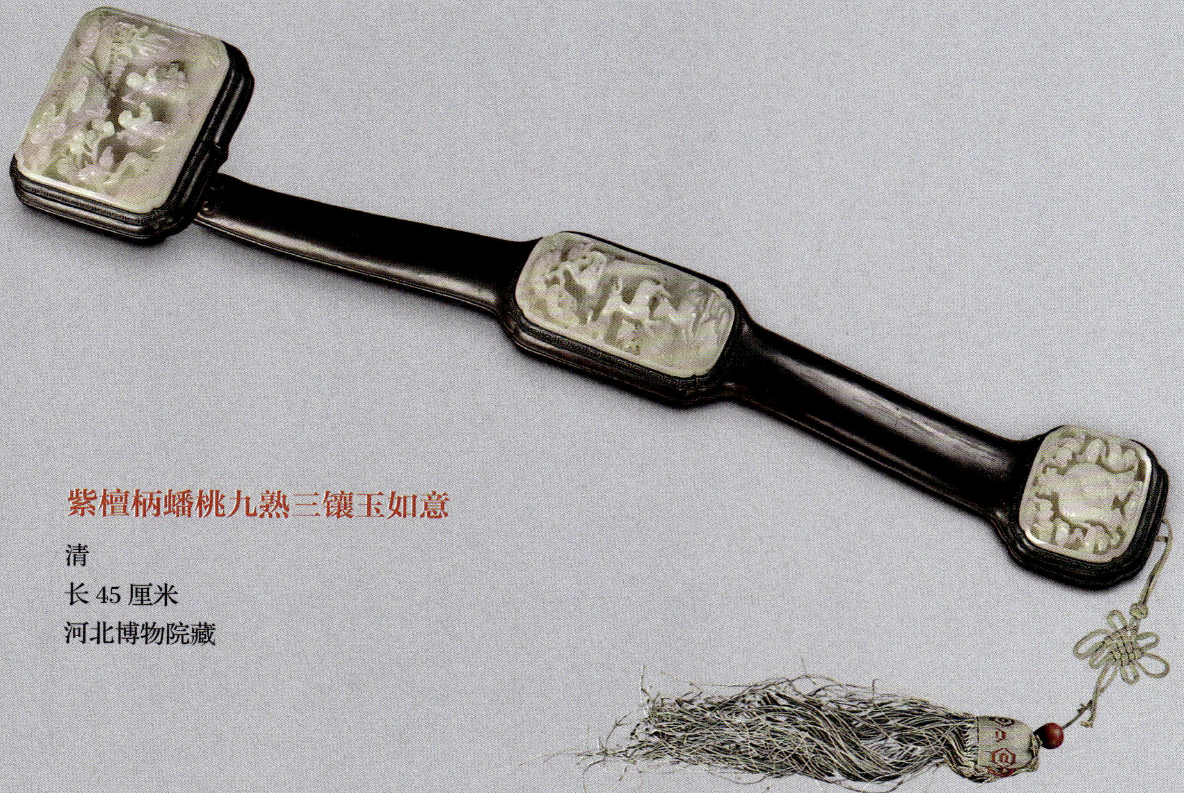

紫檀柄蟠桃九熟三镶玉如意

清

长 45 厘米

河北博物院藏

碧玉荷花花插

清
高 8.4 厘米
首都博物馆藏

白玉兽环耳狮盖三足鼎

清

通高 11.8 厘米，口径 7 厘米

首都博物馆藏

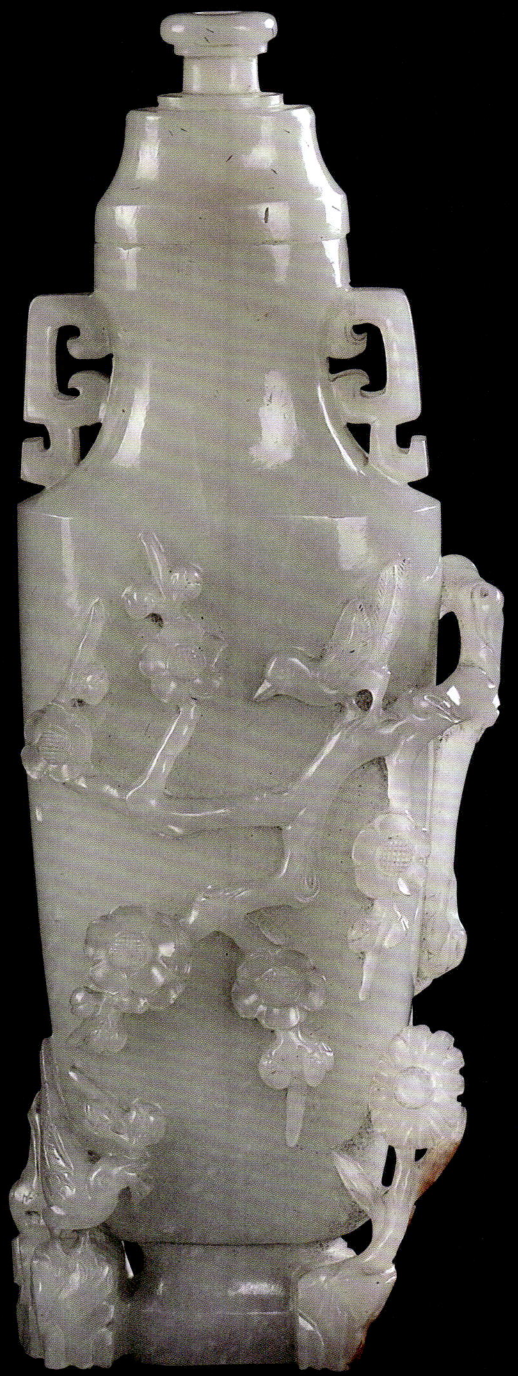

青玉喜鹊登梅瓶

清
高 18.5 厘米，宽 6.6 厘米
河北博物院藏

白玉蝠兽纹折方双连瓶

清
高 8.8 厘米，宽 12.3 厘米
天津博物馆藏

青玉贯耳荷花小瓶

清

高 11.5 厘米，口径 2.3 厘米

首都博物馆藏

青玉龙纹扁瓶

清

高 13.9 厘米，宽 11.5 厘米

河北博物院藏

青玉雕莲蓬花觚

清

通高 21.8 厘米，口径 8 厘米 ×4 厘米

首都博物馆藏

黄玉圆雕人物

清
高 8.2 厘米
河北博物院藏

黄玉带皮卧羊

清
高 4 厘米，长 8.7 厘米，宽 6.8 厘米
北京市丰台区岳各庄出土
首都博物馆藏

白玉鱼龙

清

宽 12 厘米

天津博物馆藏

翡翠衔莲鸳鸯

清

长 14.7 厘米，宽 7.4 厘米

天津博物馆藏

白玉双猴捧桃

清

高 5.3 厘米，宽 7.9 厘米

天津博物馆藏

白玉大象

清

高 11.2 厘米，长 19.5 厘米

河北博物院藏

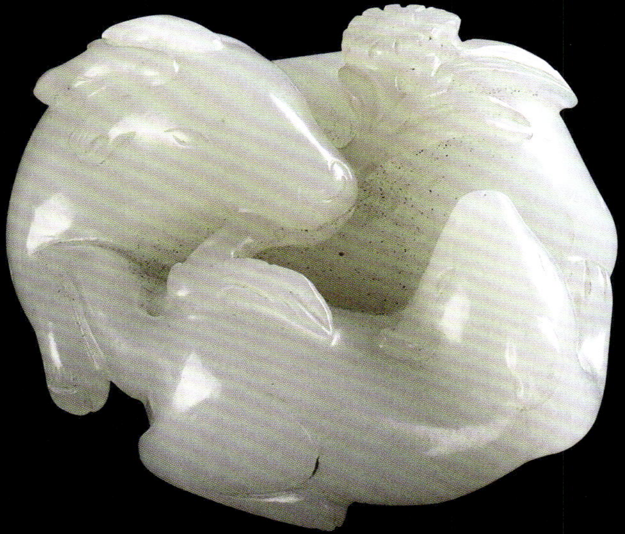

白玉子母卧鹿

清

高 3 厘米，长 5.2 厘米，宽 4.7 厘米

河北博物院藏

青花九狮大盘

清光绪
高 9.9 厘米，口径 50.4 厘米
首都博物馆藏

五彩红鱼盘

明嘉靖
高 2.1 厘米，口径 14.2 厘米，
底径 7.6 厘米
首都博物馆藏

斗彩海屋添筹图盘

清雍正

高 3.9 厘米，口径 20.6 厘米

天津博物馆藏

斗彩勾莲八吉祥盘

清乾隆

高 8.5 厘米，口径 50.5 厘米

首都博物馆藏

粉彩八桃过枝纹盘（2 件）

清雍正

高 4 厘米，口径 20.5 厘米，底径 13.2 厘米

天津博物馆藏

粉彩黄地秋菊轧花盘

清嘉庆

高 3.8 厘米，口径 25.5 厘米

河北博物院藏

粉彩百鹿尊

清道光

高 45.5 厘米，口径 16.4 厘米

首都博物馆藏

登瀛阁制款胭脂红龙凤穿花纹尊

清

高 50 厘米，口径 20.5 厘米，足径 22.5 厘米

天津博物馆藏

青花勾莲八吉祥大罐

清康熙

高 62 厘米，口径 26.8 厘米

首都博物馆藏

斗彩罐

清道光
通高 12.4 厘米，口径 5.5 厘米
首都博物馆藏

青花瓶

清雍正
高 12.7 厘米
河北博物院藏

五彩和合二仙图棒槌瓶

清康熙

高 44 厘米，口径 12.5 厘米，底径 12 厘米，腹围 18.4 厘米

天津博物馆藏

五彩勾莲福寿双耳瓶

清同治

高 74.9 厘米，口径 15.5 厘米

首都博物馆藏

三彩鱼纹瓶

清乾隆

高 18.5 厘米，口径 5 厘米

首都博物馆藏

珐琅彩紫地富贵瓶

清乾隆
高 20.7 厘米，口径 3.4 厘米
首都博物馆藏

粉彩云蝠纹赏瓶

清光绪

高 38 厘米，腹径 22 厘米

河北博物院藏

粉彩加金百蝶纹赏瓶

清光绪
高 38 厘米，腹径 22 厘米
河北博物院藏

粉彩五蝠九桃纹螭耳瓶

清嘉庆

高 34 厘米，口径 12.7 厘米，足径 10.6 厘米

天津博物馆藏

粉彩石榴纹灯笼瓶

清

高 33.7 厘米，口径 11.2 厘米

天津博物馆藏

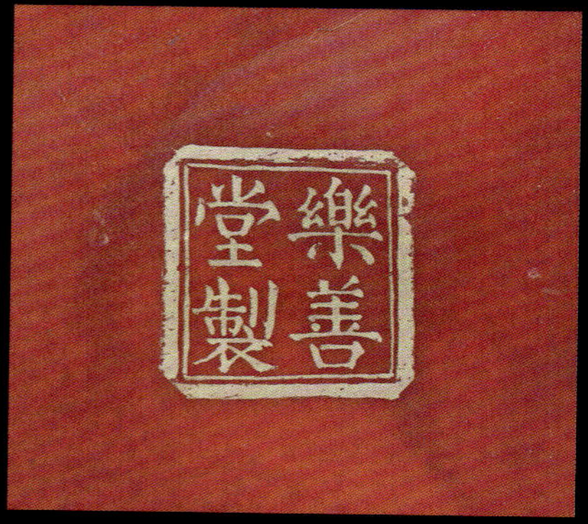

抹红地篮金龙葫芦瓶

清道光

高 17.7 厘米，口径 3.3 厘米

首都博物馆藏

洒蓝釉描金开光麒麟瑞兽纹棒槌瓶

清

高 44.6 厘米，口径 12.2 厘米，底径 13.7 厘米

天津博物馆藏

铁足道人墨荷图轴

明

纵 108 厘米，横 55.5 厘米

首都博物馆藏

华喦桃花鸳鸯图轴

清

纵 129 厘米，横 62.5 厘米

天津博物馆藏

唐恂设色花鸟图轴

清

纵 129 厘米，横 63.5 厘米

首都博物馆藏

沈振麟设色玉兰图轴

清

纵 171 厘米，横 91.2 厘米

首都博物馆藏

李鱓藤桂图轴

清

纵 151.5 厘米，横 82.3 厘米

首都博物馆藏

司马钟设色藤萝牡丹图轴

清
纵 183 厘米，横 47.2 厘米
首都博物馆藏

韩范簪花进爵图轴

清

纵 142 厘米，横 77.5 厘米

天津博物馆藏

朱偁花卉草虫扇页

清
纵 70 厘米，横 65 厘米
首都博物馆藏

张崟山水扇页

清

纵 70 厘米，横 65 厘米

首都博物馆藏

掐丝珐琅八宝纹壶

明

高 14.5 厘米，通流长 28 厘米

首都博物馆藏

铜胎鎏金掐丝珐琅三足熏炉

清乾隆

高 66 厘米，口径 38.7 厘米

首都博物馆藏

掐丝珐琅嵌玉石葫芦万代纹瓶

清

高 66.5 厘米，宽 34.8 厘米

天津博物馆藏

嵌珐琅勾莲蕉叶喜字花觚

清

高 22.6 厘米，口径 14.5 厘米

河北博物院藏

画珐琅花卉瓜蝶唾盂

清

高 7.5 厘米，口径 13.9 厘米

河北博物院藏

剔红山石花鸟纹漆盘

元

高 3.4 厘米，口径 32 厘米，底径 25.2 厘米

首都博物馆藏

雕漆番人进宝方胜式小盒

清

高 5 厘米，长 14.2 厘米，宽 10 厘米

河北博物院藏

雕漆云龙戏珠盒

清

高 7 厘米，直径 18.7 厘米

河北博物院藏

黑漆嵌螺钿花果纹如意形套盒（3件）

清

长18.3厘米，宽15厘米，高6.6厘米；长15.2厘米，宽11.9厘米，高5.7厘米；长11.8厘米，宽9厘米，高3.9厘米

天津博物馆藏

红雕漆人物八角盒

清乾隆

高 4.5 厘米，长 9.7 厘米，宽 7.5 厘米

首都博物馆藏

金漆画彩福寿纹八方盒

清

高 18.8 厘米，最大直径 48 厘米

天津博物馆藏

彩漆银里五蝠捧寿纹攒方盘盒

清

边长 26 厘米

天津博物馆藏

黄杨木座云纹紫檀如意

清

通高 9 厘米，如意长 34.5 厘米，宽 9 厘米；

座长 39 厘米，宽 8.7 厘米

天津博物馆藏

彩漆荷花式盏托

清

高 3.5 厘米，直径 14.6 厘米

河北博物院藏

灵芝形紫檀盘

明

高 1.5 厘米，长 13.5 厘米，宽 10 厘米

天津博物馆藏

竹雕人物船

清

长 33.3 厘米，宽 9.6 厘米

首都博物馆藏

朱小松款雕竹松鼠盒

明

高 3.5 厘米，口径 8.3 厘米

首都博物馆藏

竹木嵌象牙雕龙凤纹饰件

清乾隆
长 6 厘米，最宽 4.5 厘米
首都博物馆藏

犀角杯

明

高 9 厘米，口径 15 厘米，宽 11 厘米

河北博物院藏

松芝纹象牙如意

清

长 37 厘米，宽 9 厘米；长 40.7 厘米，宽 9 厘米

天津博物馆藏

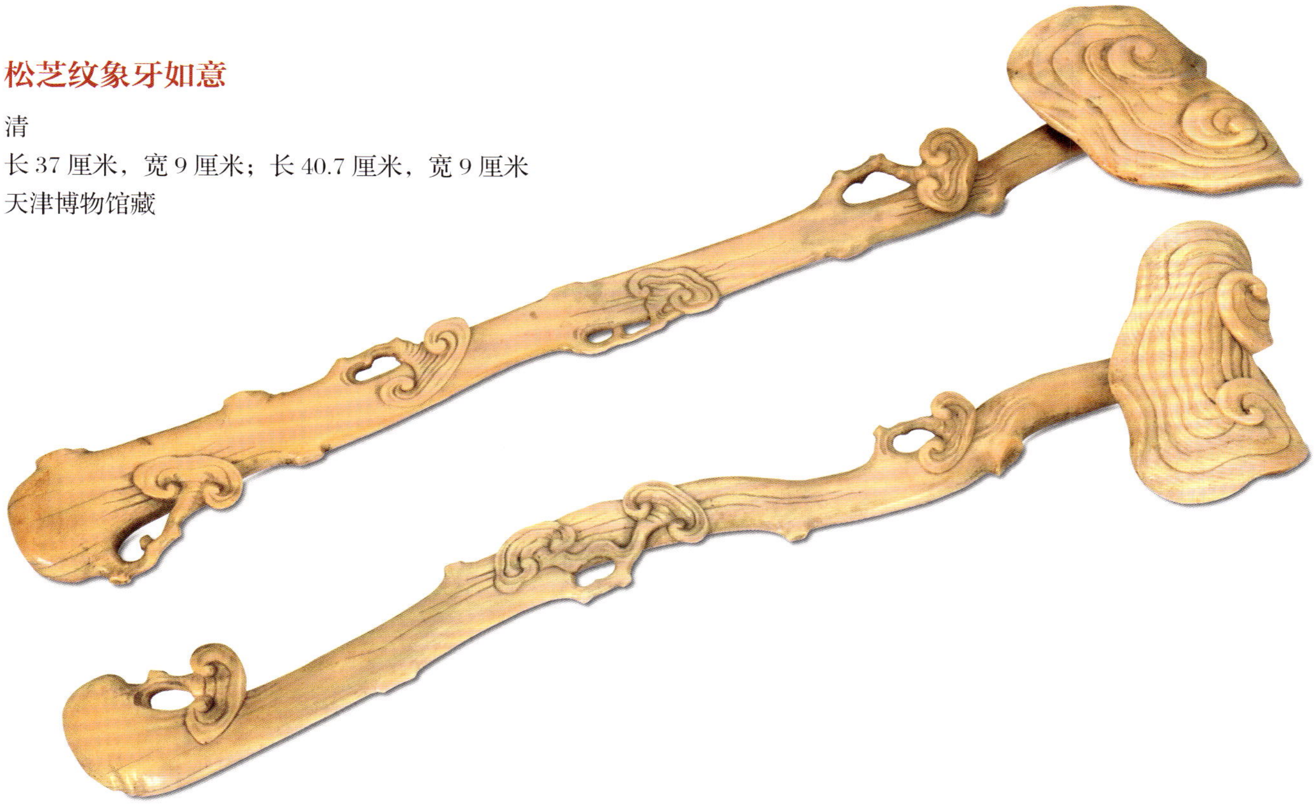

蓝色刻花带把玻璃杯

辽
通高 18 厘米，口径 9 厘米
首都博物馆藏

佛手桃石榴纹水晶壶

清

高 8.5 厘米，口径 4.9 厘米，宽 15.4 厘米

天津博物馆藏

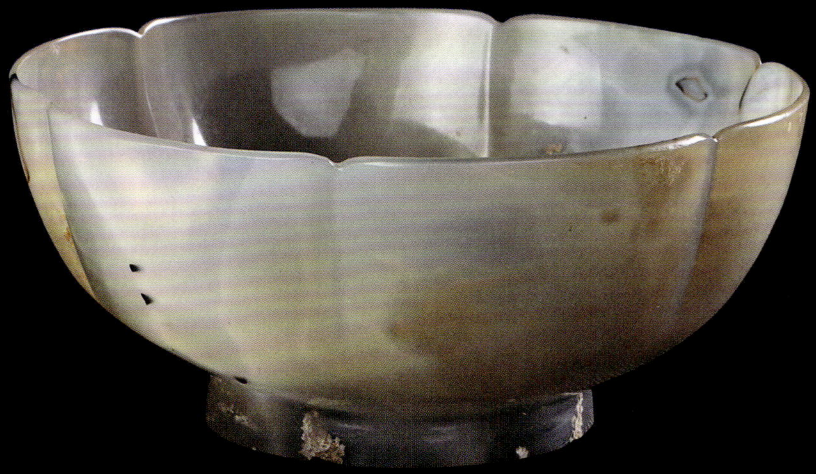

玛瑙花式碗

宋

高 5 厘米，口径 11.3 厘米，底径 5.7 厘米

河北博物院藏

料葫芦瓶

元

高 32.1 厘米，口径 4.4 厘米

首都博物馆藏

松猴纹玛瑙花插

清
高 9.8 厘米
天津博物馆藏

南瓜式瓢盖罐

清光绪
通高 10 厘米，口径 3.6 厘米
首都博物馆藏

张玉亭制挖耳僧彩塑

清
高 27 厘米
天津博物馆藏

张玉亭制哈欠僧彩塑

清

高 26.5 厘米

天津博物馆藏

张玉亭制麻姑彩塑

清

高 34 厘米

天津博物馆藏

金漆莲花背壶式烟壶

清

高 6.4 厘米

河北博物院藏

金漆蝙蝠葫芦式烟壶

清

高 6.7 厘米

河北博物院藏

葫芦形银烟壶

清

高 5.8 厘米，腹径 2.5 厘米

河北博物院藏

叶仲三内画人物烟壶

清

高 6.5 厘米

河北博物院藏

阎玉田内画松鹤烟壶

清
高 6.4 厘米
河北博物院藏

汤子川内画山水烟壶

清
高 6.1 厘米
河北博物院藏

翡翠烟壶

清
高 7 厘米，宽 4.5 厘米
河北博物院藏

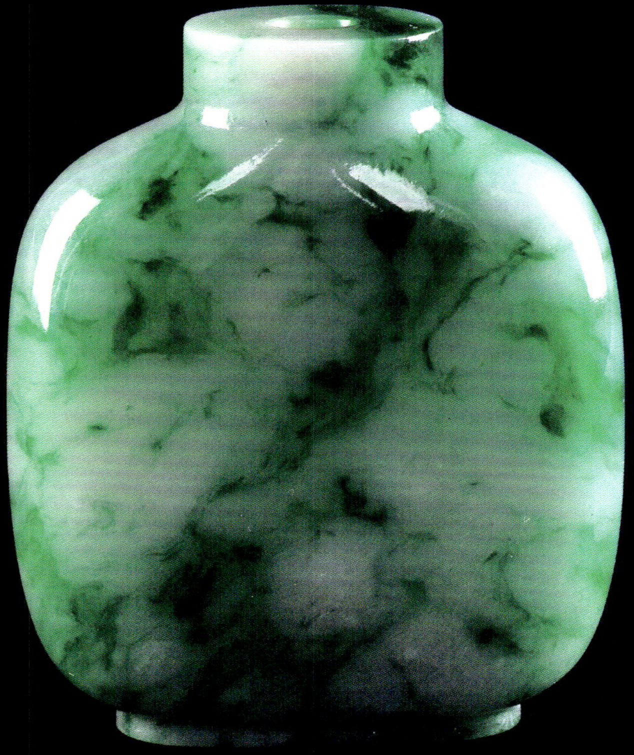

翡翠烟壶

清
高 6.7 厘米
河北博物院藏

白玉双鸭烟壶

清

带盖高 6 厘米、宽 5 厘米

河北博物院藏

白玉瓜果烟壶

清

带盖高 6.8 厘米、宽 5 厘米

河北博物院藏

青玉荷包形雕花烟壶

清
高 5.2 厘米
河北博物院藏

玛瑙巧作双禽烟壶

清
高 6.3 厘米，宽 5.3 厘米
河北博物院藏

玛瑙巧作雕树猴烟壶

清

带盖高 7.4 厘米

河北博物院藏

玛瑙巧作杂宝烟壶

清

高 6.6 厘米，宽 5.5 厘米

河北博物院藏

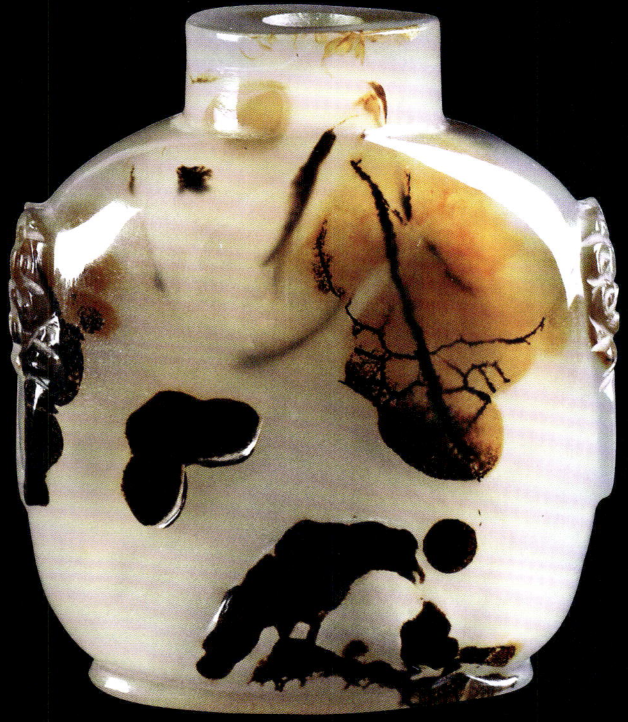

玛瑙巧作禽蝶烟壶

清

高 6.4 厘米

河北博物院藏

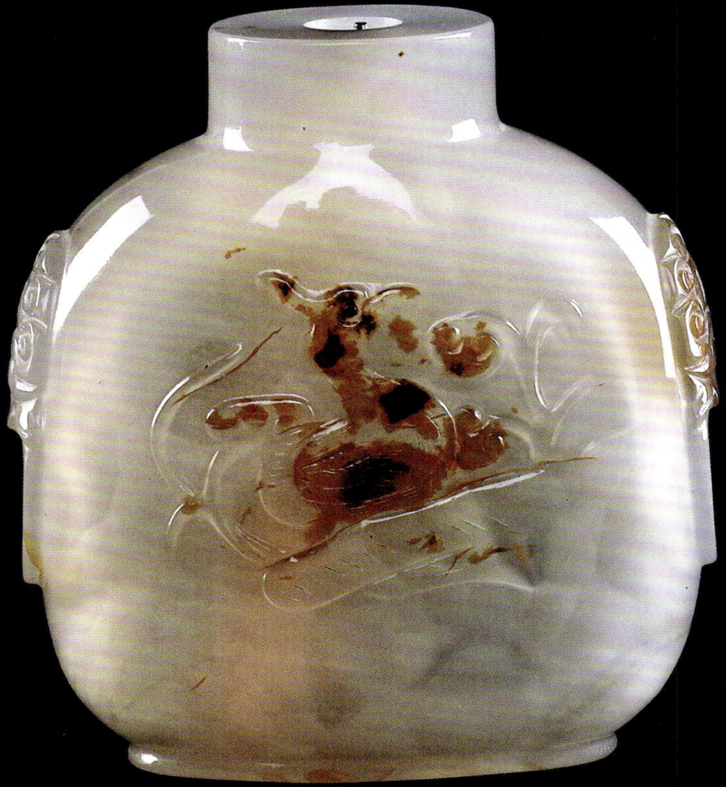

玛瑙巧作雕鱼鸭烟壶

清

高 6.7 厘米

河北博物院藏

人道之极也

礼仪篇

中国是“礼仪之邦”，礼仪文化是中华民族最悠久、最深入人心的民族文化。礼仪文化的形成是古代先民从野蛮走向文明的重要标志，在中华文明史上占有特殊的地位。礼的内涵十分丰富，它是国家典制、是行为准则、是道德规范。人们的一切行为以礼来确立、衡量、约束，并深入影响到艺术及其相关工艺的设计理念。设计艺术追求“物也载道、言志、象德”，而人们的生活，也在其左右，庇护、影响下，无处不在。

课儿图

首都博物馆藏

第一部分 礼之精神

“礼”作为中国古代社会的政治制度、行为准则和道德规范，对中华民族精神素质的培养起了重要的作用。“礼”起源于上古先民的祭祀活动，西周时期礼制基本成熟，孔子时继承“周礼”，创立儒学，被后世尊称为“礼教”。儒家认为“礼者，人道之极也”。

礼是做人的头等大事。儒家思想在两千多年的中国封建社会中始终占据着统治地位。礼的内涵及核心影响着古人的精神世界，他们的思想、思维、追求，受到礼教的熏陶、修炼，所营造的理想世界，反映出深厚的、规范的、丰富的礼仪。

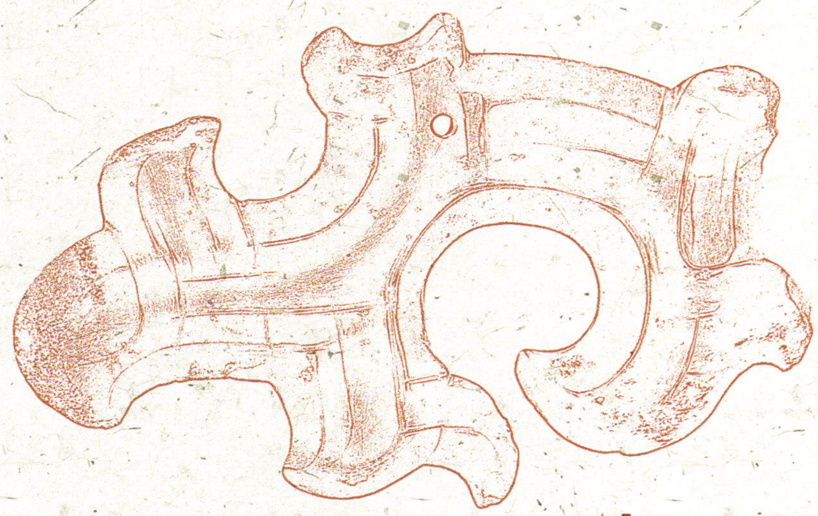

陶人俑拜山（一套 7 件）

战国
人俑高 10.2 厘米，方锥体高 6 厘米
河北省平山县中山古灵寿城遗址出土
河北省文物研究所藏

整套器物由一件人俑和六个方锥体组成，均为泥质红陶。人俑直立，作圈手拜山状。出土时人俑立于中间，方锥体在人俑前面两侧组成两个“山”字，形象地反映出中山国崇拜山神的习俗。

玉猪龙

新石器时代红山文化
高 7.5 厘米，宽 3 厘米
天津博物馆藏

勾云形玉佩

新石器时代红山文化
高 5.4 厘米，宽 16.5 厘米
天津博物馆藏

勾云形黄玉佩

新石器时代红山文化
高 9.8 厘米，宽 16 厘米
天津博物馆藏

鸮形青玉佩

新石器时代红山文化
长 4 厘米，宽 4 厘米
天津博物馆藏

青玉刀

新石器时代
长 39 厘米，宽 6.3 厘米
天津博物馆藏

青玉刀

新石器时代

长 21.6 厘米，宽 2.7 厘米

天津博物馆藏

玉铲

新石器时代

长 14.7 厘米，宽 5.3 厘米

河北博物院藏

孔子像拓片

民国
纵 108 厘米，横 61 厘米
首都博物馆藏

孔子（公元前 551～前 479 年），名丘，字仲尼，我国伟大的思想家、教育家，儒家学说的创立者。自汉武帝开始，“废黜百家，独尊孔氏”，儒学定于一尊，成为两千多年来封建文化的正统，孔子也被称为圣人。

祭孔礼节表

民国

纵 17.3 厘米，横 12.3 厘米

天津博物馆藏

宣德炉

明
口径 16 厘米
河北博物院藏

掐丝珐琅八卦双耳三足盖炉

清

高 28.8 厘米，腹径 21.9 厘米

河北博物院藏

掐丝珐琅五供包括有两件觚、两件烛台、一件香炉。常用于祭祀等场所陈设。

掐丝珐琅烛台（2件）

清光绪
高 47.8 厘米，底径 13.8 厘米
河北博物院藏

掐丝珐琅缠枝花觚

明

高 38.6 厘米，口径 15.4 厘米

河北博物院藏

掐丝珐琅簠

清光绪
高 23.1 厘米，底径 12.2 厘米
河北博物院藏

掐丝珐琅豆

清光绪
高 23.8 厘米，口径 14.4 厘米
河北博物院藏

儒家经典

（1）《周易》（清刻本）河北博物院藏

（2）《诗经》（清刻本）河北博物院藏

（3）《礼记》（清刻本）河北博物院藏

（4）《春秋左传》（清刻本）河北博物院藏

（5）《春秋谷梁传》（清刻本）河北博物院藏

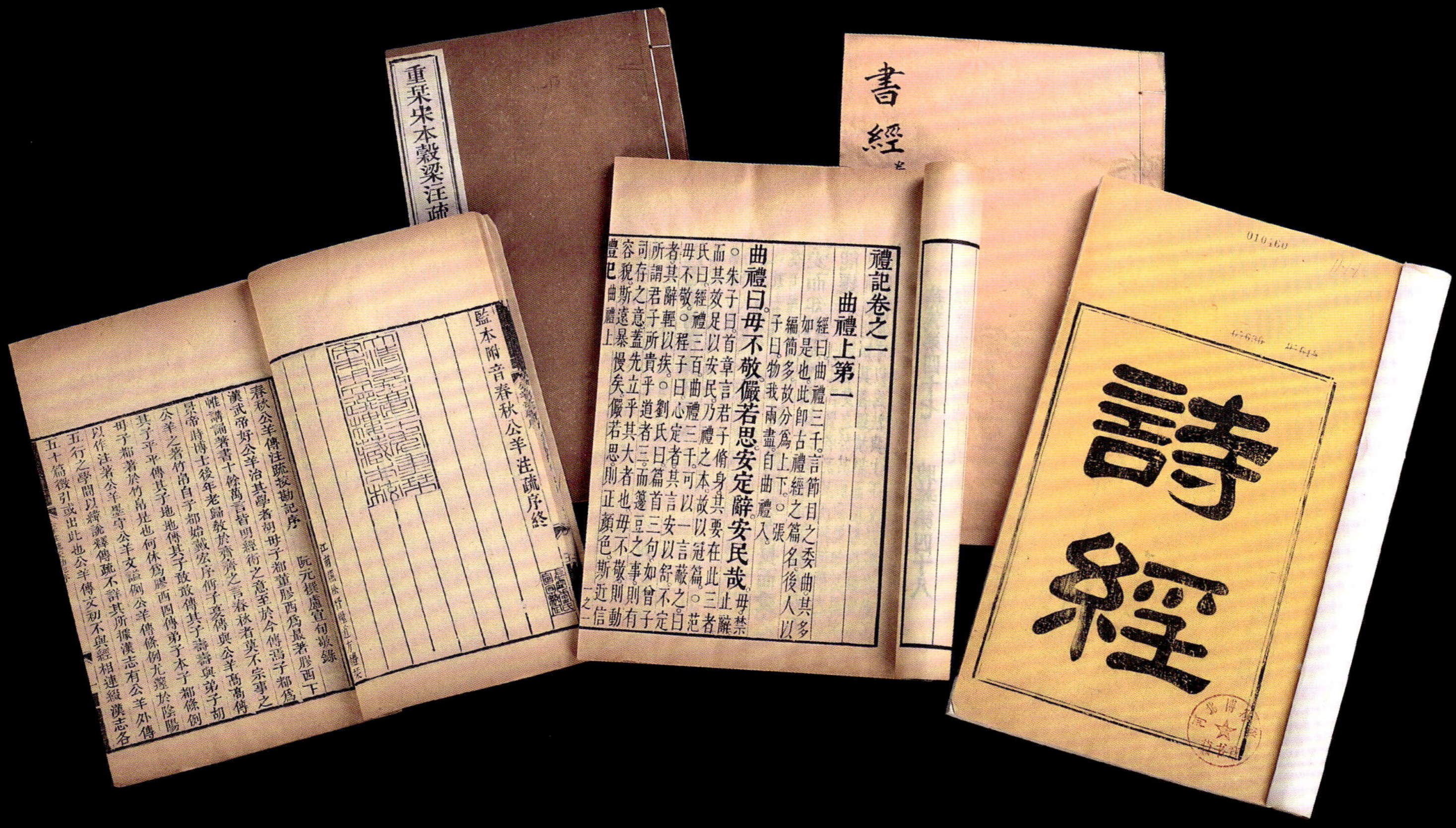

戴熙蕉窗读易图卷

清

纵 28 厘米，横 135 厘米

首都博物馆藏

古代知识分子必读之书，就是儒家经典。它是古代士者修身养性的基础。魏晋时期，玄学盛行。儒家经典《周易》列为“三玄之一”。

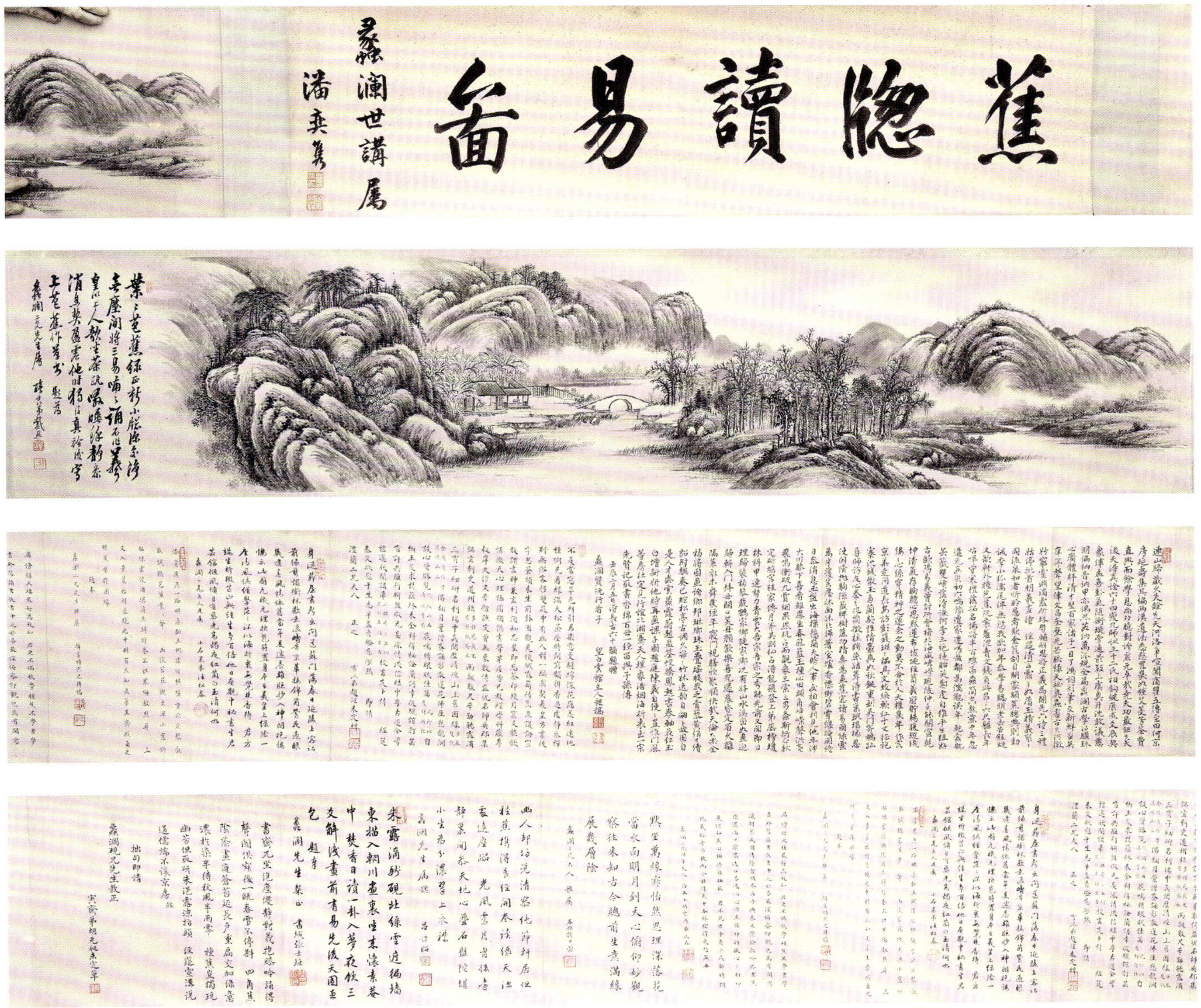

《圣迹图》

清宣统

高 34.5 厘米，宽 26.4 厘米

河北博物院藏

《圣迹图》是一部表现孔子一生事迹的连环图画。后人为表达对孔子的敬仰，依据《论语》《史记·孔子世家》等古籍，绘制孔子生平主要事迹。院藏《圣迹图》清宣统元年（1909 年）孔子七十三代孙孔庆塘石印本，有图 105 幅。

聖蹟圖
先聖小像

尼山致禱
周靈王之十九
年實魯襄公之
二十年是年聖
母顏氏禱於魯
尼丘山明年乃
生孔子既生首
上圩頂象尼丘
因名丘字仲尼

礼之物象是礼仪精神的物化形式。按照礼仪制度，选用具体的器物来实施礼仪活动。这些器物是礼仪文化的固化载体，其规格和使用都有严格的规定，也是判断礼仪活动和持有者身份的重要凭证。所谓“藏礼于器”，就是说每件器物和艺术品都象征着一定的“礼”的概念，只有符合了礼的规范、要求，才能达到设计的完美。

第二部分 礼之物象

一　青铜礼器

礼器是古代帝王、贵族在进行祭祀、宴享、朝聘、婚冠等礼仪活动时，使用的器皿的总称。夏商周三代，青铜礼器十分发达，种类数量众多，工艺精美，主要有食器（鼎、簋、簠、豆）、酒器（尊、卣、爵、觚）、水器（盘、匜）、乐器（钟、铙）等。青铜器代表了使用者的身份等级，是“王权”的象征，是立国传家的重器。

兽面纹铜鼎

商

高 27.2 厘米，口径 21.5 厘米

天津博物馆藏

鼎，饮食器，用于烹煮或盛放鱼、肉，从夏代晚期到两汉时期，鼎成为“明尊卑、分上下”的礼器，商周有严格的用鼎制度。宋至明清，铜鼎多为祭器。

兽面纹铜鼎

西周

高 20 厘米，口径 10.7 厘米

北京市琉璃河遗址黄土坡墓地出土

首都博物馆藏

蟠螭纹铜鼎

战国

高 18.5 厘米，口径 15.9 厘米

首都博物馆藏

弦纹兽耳铜簋

商

高 12.6 厘米，口径 18.7 厘米

首都博物馆藏

簋是用于盛放煮熟的黍、稷、稻、粱等的食器。在青铜礼器中的地位与鼎相仿，以偶数组合与奇数组合的列鼎配合使用。如天子九鼎八簋，诸侯七鼎六簋，大夫五鼎四簋，士三鼎二簋。

夔龙纹铜簋

西周

高 14.7 厘米，口径 20.1 厘米

天津博物馆藏

蟠螭纹铜簠

战国
长 25.5 厘米，宽 16.5 厘米
河北省涉县北关凤凰台一号墓出土
邯郸市文物保管所藏

铜豆

战国

高 23 厘米，口径 17.5 厘米

河北省邢台市南大汪村出土

河北博物院藏

饕餮纹铜觚

商

高 24.3 厘米，口径 15.5 厘米

首都博物馆藏

铜爵

西周

柱高 22 厘米，尾流长 17 厘米

北京市琉璃河遗址黄土坡墓地出土

首都博物馆藏

爵是温酒、饮酒器，是最高等的酒杯，只有身份高贵的贵族才能使用。往往与觚、斝等酒器一起入葬，数量越多，说明墓主人身份越高。

弦纹铜爵

西周

高 21 厘米，流最大长度 7.8 厘米，柱高 3.5 厘米

天津博物馆藏

饕餮纹铜方彝

商
高 24.5 厘米
河北省定州市北庄子村出土
河北省文物研究所藏

饕餮纹铜觥

商

长 19.5 厘米

河北省定州市北庄子村出土

河北省文物研究所藏

蟾蜍纹铜提梁卣

商

高 26 厘米

河北省定州市北庄子村出土

河北省文物研究所藏

盘龙纹铜盘

西周
高 12.7 厘米，直径 36.3 厘米
河北省曲阳县占里村出土
河北博物院藏

盥洗器，常与匜配套使用，使用时以匜浇水，以盘接水。

“孟姬”铜匜

春秋
高 15.2 厘米，通长 26.3 厘米
河北省怀来县甘子堡出土
河北博物院藏

二　礼乐器

在儒家礼仪文化中，十分看重音乐的作用，礼与乐密不可分。所谓“礼非乐不履”，是说没有乐来配合，礼将难以实现。乐器的使用也反映了贵族的等级制度。乐器主要有钟、磬、鼓、铙、铎、琴、瑟、笙等。

兽纹铜组钟

春秋

高 26.2 厘米，下宽 15 厘米

首都博物馆藏

乐钟以其形状不同，还有甬钟、纽钟、镈钟之分。钟的使用，按规定：天子四组、诸侯三组、卿大夫两组、士一组。

铜编钟（14 件）

战国
通高 12.2 ～ 31 厘米
河北省平山县三汲乡中山王墓出土
河北省文物研究所藏

铜纽钟

战国

口径 11 厘米

河北博物院藏

铜铎

汉

高 17.7 厘米

河北省满城县中山靖王刘胜墓出土

河北博物院藏

打击乐器，靠摇振发声。作战时振铎击鼓，鼓舞士气。

大晟铜钟

宋
高 26 厘米
原热河省喀喇沁旗出土
河北博物院藏

透雕双龙形纽，钲部及篆部饰多层蟠虺纹，鼓部为蟠虺纹组成的图案。钲部正面阴刻篆书“大和”二字，背面阴刻篆书“南吕中声”四字。此器为宋徽宗时所铸宗庙乐器大晟编钟之一，后被金兵从汴京掠走。

铜鼓

汉
高 26 厘米，直径 46.5 厘米
天津博物馆藏

铜鼓在古代常用于作战，是指挥军队进退的号令，亦为祭祀和宴会的乐器。在西南少数民族地区，还是权力和财富的象征。

铜鼓

宋

高 26 厘米，直径 47.1 厘米

首都博物馆藏

三　玉礼器

在中国古代玉器中，玉礼器占有非常重要的地位。新石器时代它是祭祀通神的工具，商周时成为奴隶主王朝天命与王权的象征。《周礼》中记载以“六瑞”区别官职高低，以“六器”祭祀天、地、四方之神。六瑞、六器是周王朝正式建立的国家典章制度。随着时代的发展，玉礼器的品种也发生变化，有的逐渐弃用，有的演变为装饰用玉，还出现了一些新的玉礼器品种。

蚕纹青玉璧

东周
直径 19.1 厘米
首都博物馆藏

玉璧的基本形制为圆形板状，中间有一圆孔。自新石器时代出现一直延续到清代，除了礼器的作用外，还可作为装饰品、馈赠用品或随葬品使用。

蒲纹青玉璧

汉

直径 15.2 厘米

河北博物院藏

谷纹青玉璧

汉
直径 12.2 厘米
河北博物院藏

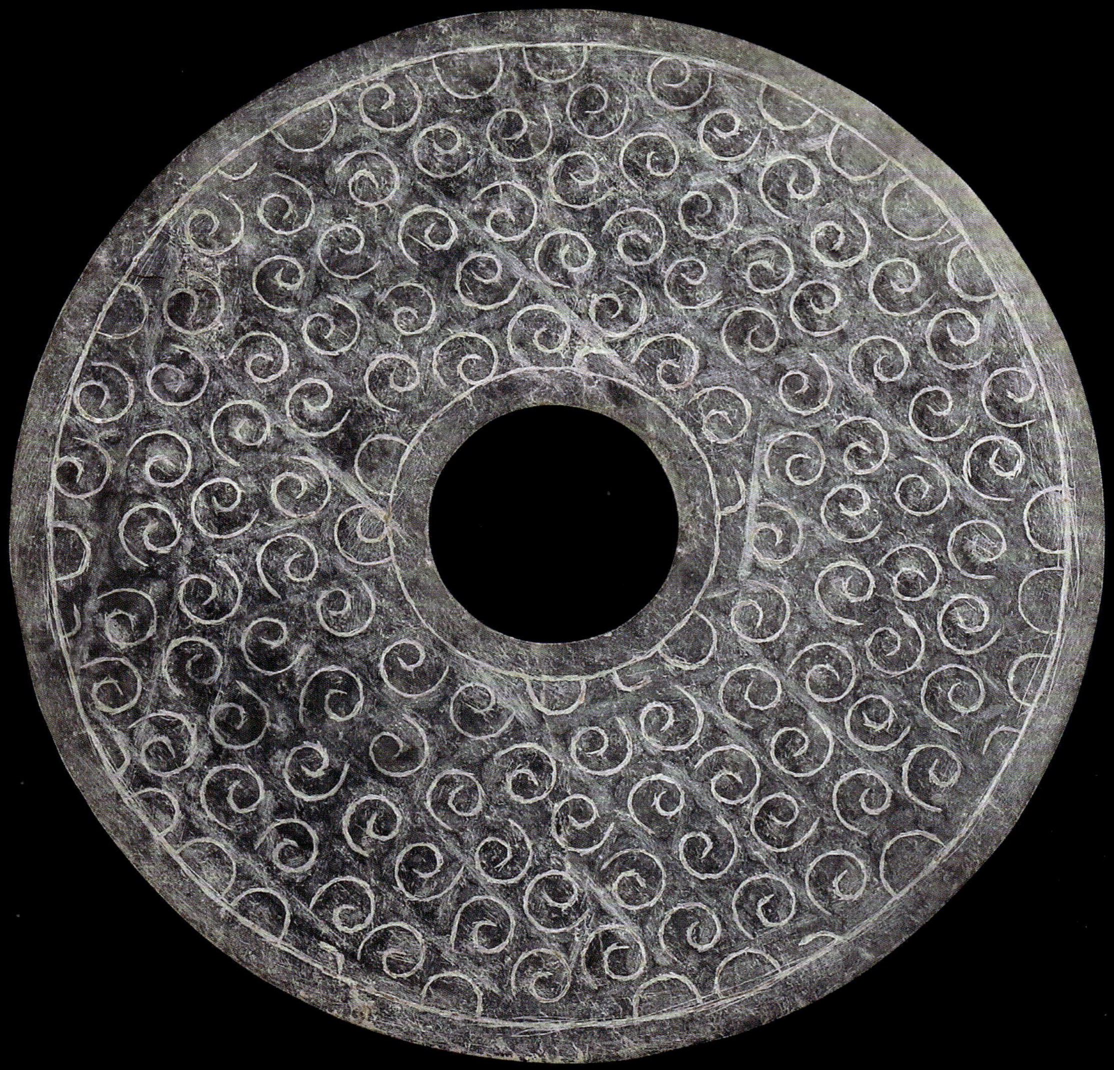

谷纹青玉璧

汉

直径 14.5 厘米，肉宽 4.7 厘米

天津博物馆藏

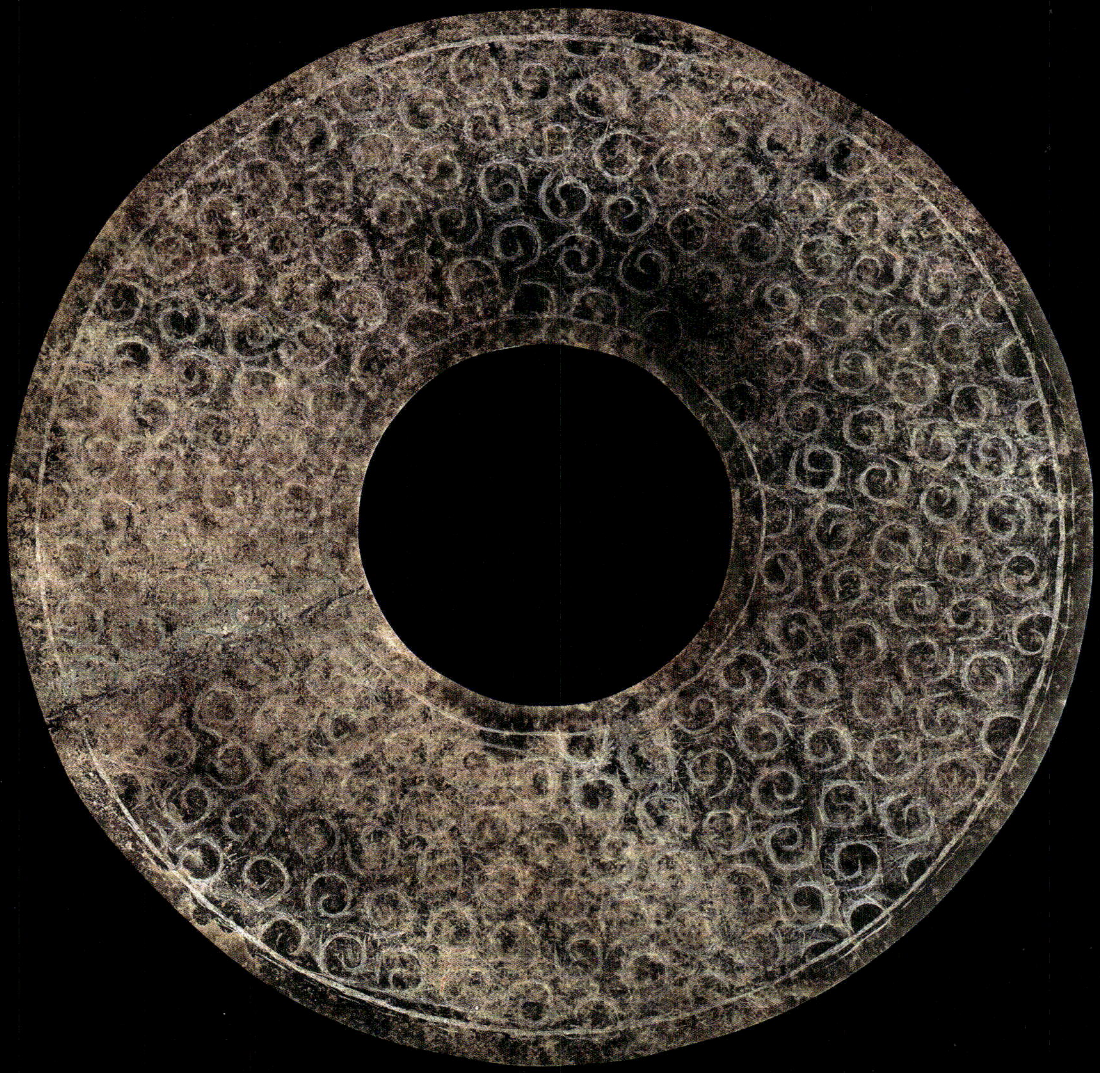

螭纹青玉璧

清

直径 5.5 厘米

河北博物院藏

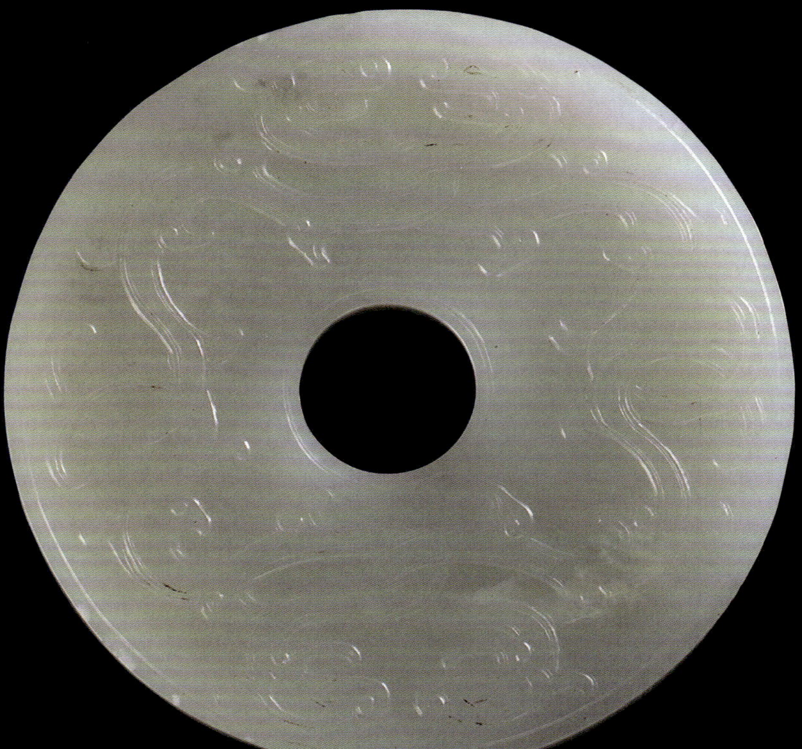

龙纹白玉璧

清

直径 7.4 厘米

河北博物院藏

兽面鸟纹玉琮

新石器时代良渚文化
高 38.2 厘米，口径 6.8 厘米
首都博物馆藏

玉琮为筒形，内圆外方，是我国古代重要的礼器之一。根据“天圆地方学说”，认为它的内圆代表天，外方代表地，通孔则表示天地间的沟通。

青玉琮

周

高 4.5 厘米，口径 6.5 厘米

河北博物院藏

白玉琮

周

高 3.5 厘米，口径 5.5 厘米

天津博物馆藏

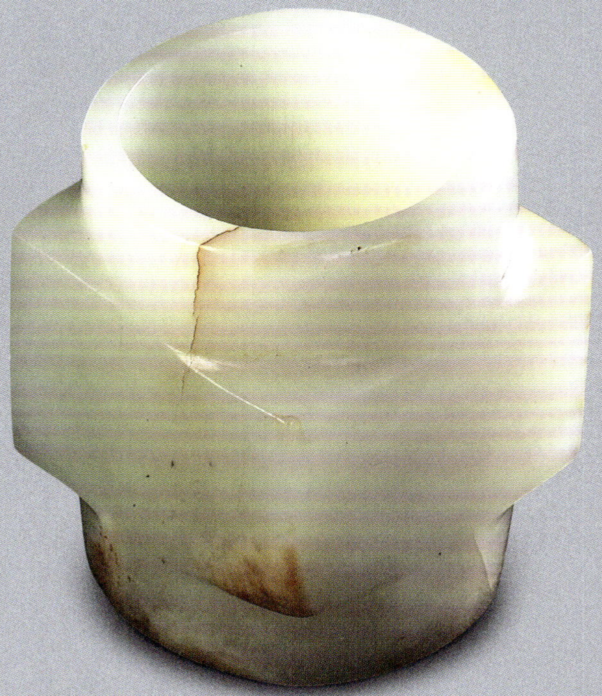

白玉琮

汉

高 4.8 厘米

河北博物院藏

海水江涯纹青玉圭

商

高 46 厘米，上宽 12.3 厘米

首都博物馆藏

玉圭是国君所用的瑞器，代表君权神授，是最重要的玉礼器之一。长条形，上尖下方。形制大小因爵位及用途不同而异。

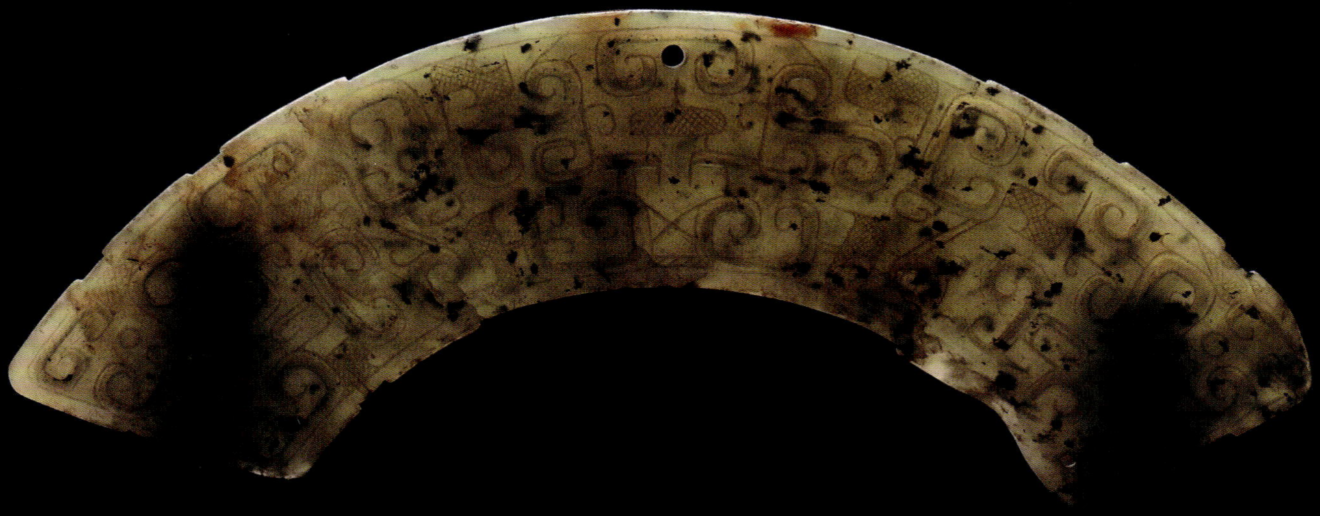

蟠夔纹青玉璜

秦

长 3.8 厘米，宽 16.7 厘米

首都博物馆藏

虎形黄玉佩

战国

长 10.9 厘米，宽 4.6 厘米

河北省平山县三汲乡中山王墓出土

河北省文物研究所藏

玉琥常指虎形玉件。玉琥的用途，据《周礼》记载是“礼西方”的六器之一，但现在还无法证明已出土的玉琥中哪些是作为礼器使用的。

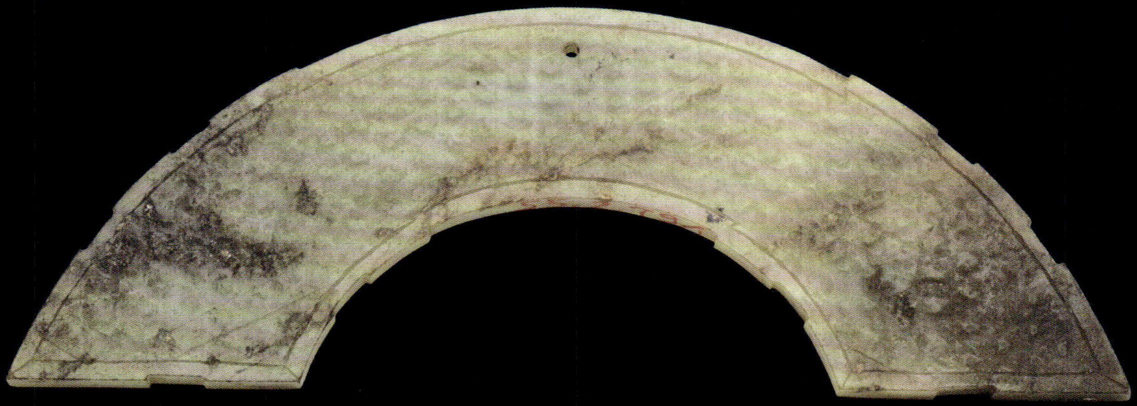

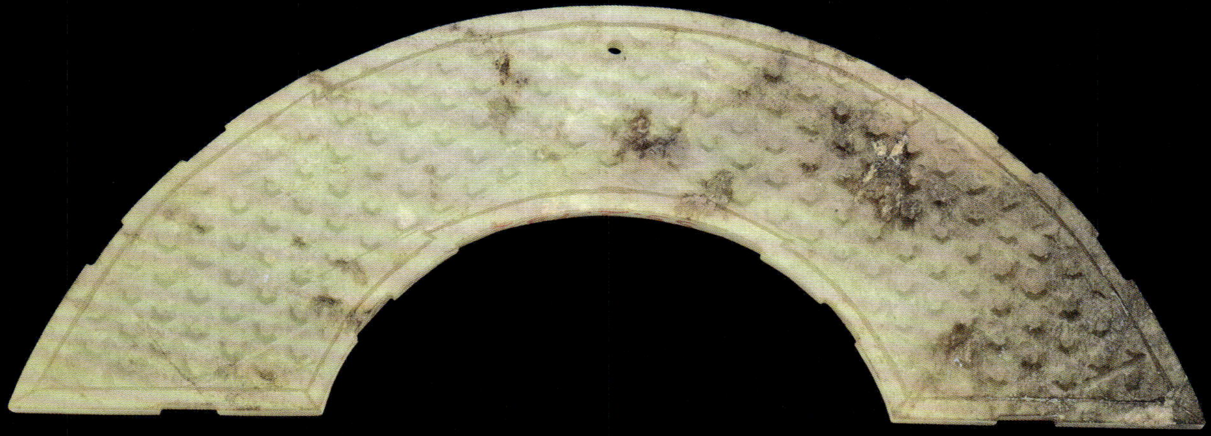

蒲纹青玉璜

汉

宽 13.9 厘米

天津博物馆藏

玉璜样式繁杂，数量庞大。多为三分之一圆璧形，少数是半璧形。不仅作为礼器，而且被广泛当作装饰品使用。

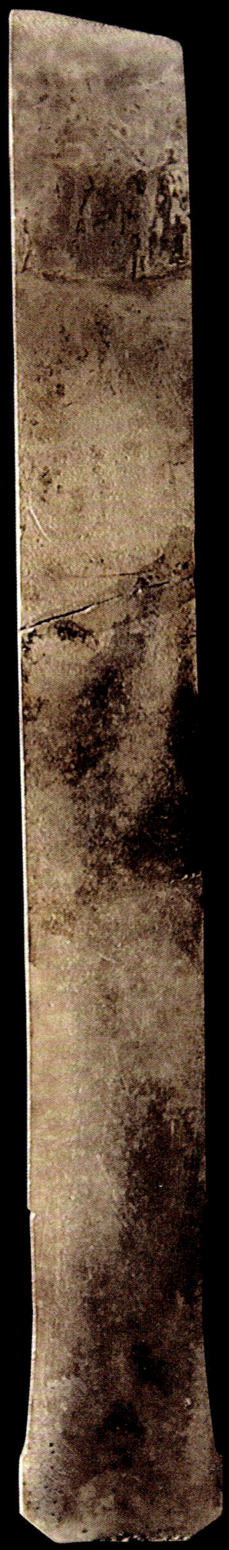

青玉璋

战国
长 26.6 厘米，宽 3 厘米
河北省平山县三汲乡中山王墓出土
河北省文物研究所藏

玉璋，长方形体，扁平状，一端为斜刃，另一端有穿孔。始见于新石器时代晚期，春秋时期较多，战国以后少见。

玉璇玑

商
直径 7.4 厘米
河北省藁城台西遗址出土
河北省文物研究所藏

玉璇玑，形如璧，圆形，片状，圆周郭外有成组的齿牙装饰顺向凸出。可能是用来观测天象的仪器，也可能具有礼仪或宗教意义。

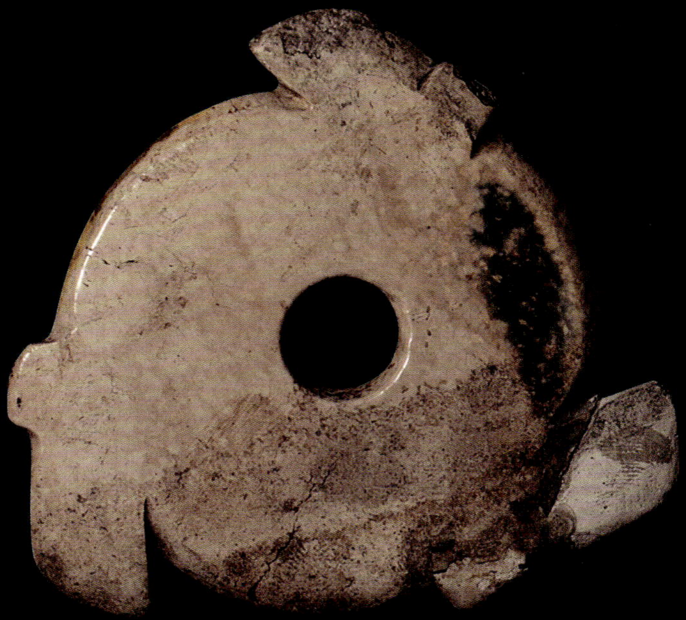

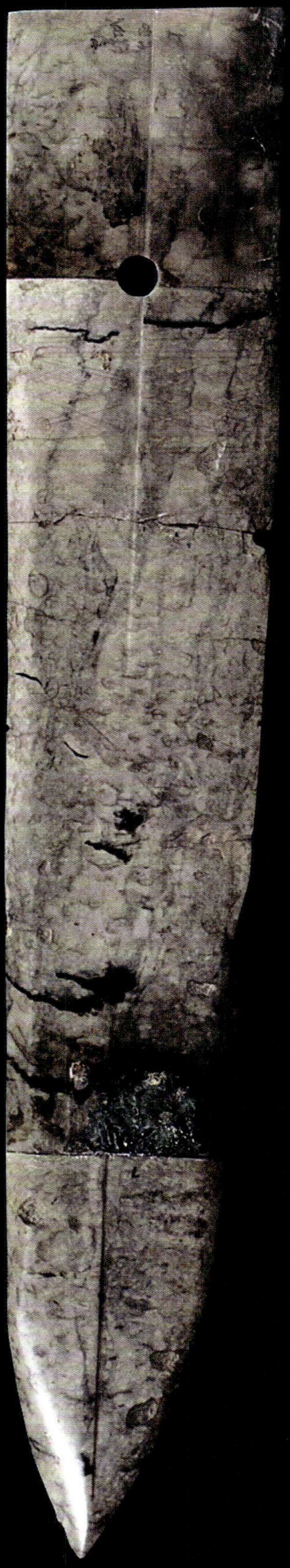

玉斧

商

长 15 厘米

河北省武安县赵窑遗址出土

河北省文物研究所藏

斧是一种重要的工具，以玉制成，逐渐演化成王权的象征物，是一种礼器。

玉戈

商

长 39 厘米

河北省藁城台西遗址出土

河北省文物研究所藏

戈是古代重要的兵器。玉戈虽有兵器之形，却非实用，而是一种象征权力的礼器。

猪形玉握（2件）

汉

高 2.2 厘米，长 9.4 厘米，宽 2.1 厘米

河北博物院藏

玉握是常见的随葬玉器，西汉时玉握多为璜形玉器，东汉至南北朝时多为玉猪。古人认为死者手握玉猪犹如带走财富。汉代玉猪雕琢简约，长条圆柱略加琢刻即成，刀法简快，称为“汉八刀”。

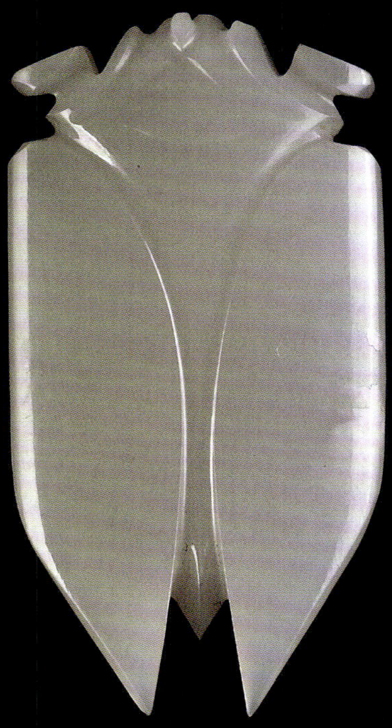

白玉蝉

汉

长 6.4 厘米，宽 3.3 厘米

河北省定州市中山简王刘焉墓出土

河北博物院藏

古人认为玉可以保尸身不朽，灵魂永生，死后口中放玉琀，多为蝉形，取其洁身自好之意。此件玉蝉玉质洁白，用阴刻线条勾勒出头、胸、腹、双翼等细部轮廓，造型生动。

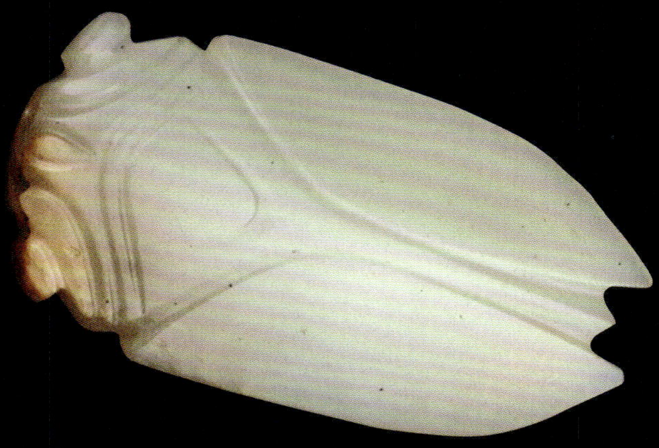

玉蝉

汉

长 5.4 厘米，宽 2.7 厘米，厚 1 厘米

河北博物院藏

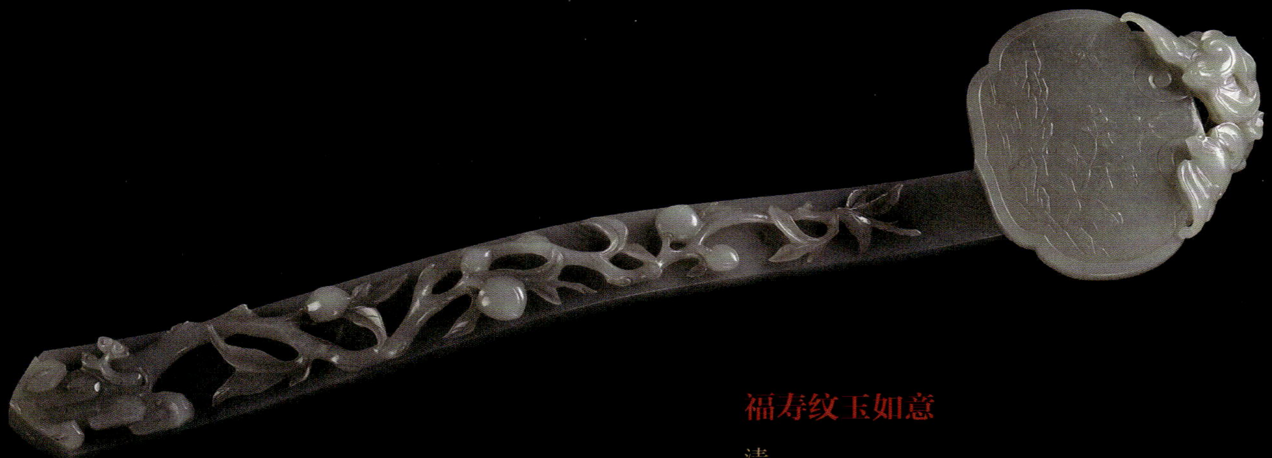

福寿纹玉如意

清

长 32.8 厘米

河北博物院藏

如意是一种供玩赏的吉祥器物，随佛教传入我国。清代成为宫廷中重要的礼器之一，可用于定亲、祝寿、皇帝赏赐、大臣进贡等。

雕龙纹玉如意

清

长 35.5 厘米

河北博物院藏

四　玉剑饰

玉剑饰是指兵器剑上的装饰玉件，包括玉剑首、玉剑格、玉剑璏、玉剑珌四部分。玉剑饰最早出现在西周，春秋战国时期，成为王公贵族佩剑上的重要装饰品，也是彰显社会身份地位的象征。汉代玉具剑图案纹饰更加新颖别致。器面除琢饰兽面、云纹、谷纹外，尤以浮雕的蟠螭纹最具特色。玉具剑在魏晋之后逐渐消失。

玉具铜剑（附玉剑饰 2 枚）

西汉
长 71.8 厘米
河北省满城县中山靖王刘胜墓出土
河北博物院藏

此剑剑身细长扁平，刃部鎏金，光泽锋利。遗有玉璏、玉珌各一方。玉质晶莹细腻。

青玉剑首

汉

直径 4.7 厘米

天津博物馆藏

谷纹玉剑首

汉

直径 3.9 厘米 × 4.2 厘米

河北博物院藏

兽面纹玉剑格

汉

长 5.4 厘米，宽 2.2 厘米，厚 2.1 厘米

河北博物院藏

白玉剑格

西汉

最长 2.1 厘米，最宽 6.1 厘米

首都博物馆藏

云纹玉剑格

汉

高 2 厘米、宽 5.9 厘米

首都博物馆藏

兽面纹玉剑格

西汉

高 1.6 厘米、宽 4.9 厘米

天津博物馆藏

青玉剑璏

汉

长 6.8 厘米，宽 1.6 厘米

河北博物院藏

玉璏装饰于剑鞘上方一侧，可穿系于腰带上，将剑固定于腰间。

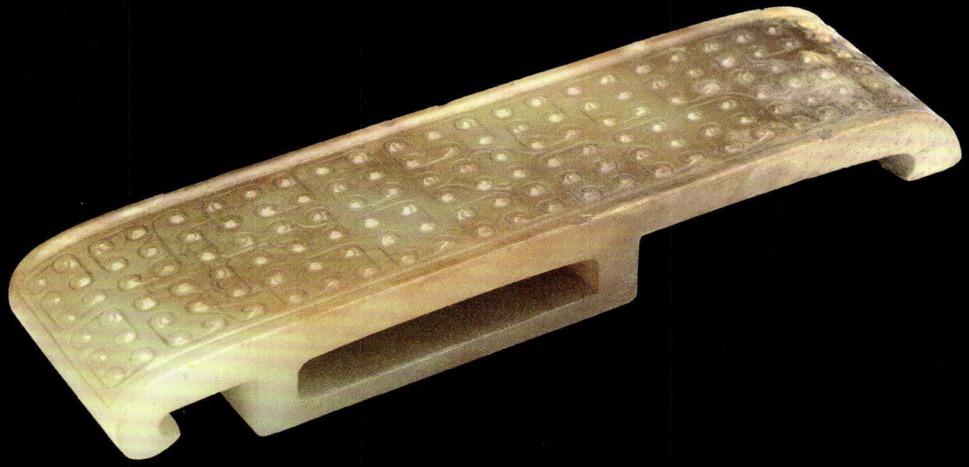

白玉剑璏

东汉

宽 2.7 厘米

天津博物馆藏

白玉剑璏

清

长 9.5 厘米，宽 2.5 厘米

首都博物馆藏

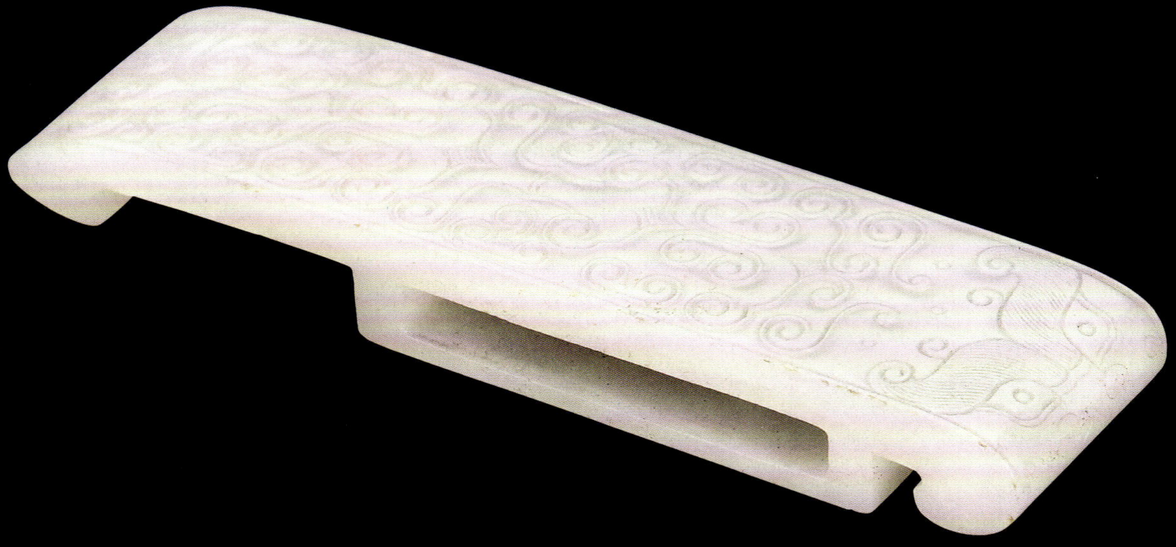

雷纹青玉剑珌

汉

长 3.7 厘米，宽 5.4 厘米

河北博物院藏

青玉剑珌

汉

高 4.3 厘米，宽 5 厘米

北京市海淀区恩济庄李莲英墓出土

首都博物馆藏

云纹青玉剑珌

汉

长 3.6 厘米，宽 4.2 厘米

天津博物馆藏

兽面纹青玉剑珌

汉

长 3 厘米，宽 5.5 厘米

首都博物馆藏

五　礼服饰

古人在举行礼仪活动时，除陈设礼器外，还需穿着礼服。官员的服饰也是礼服的一部分，服装上的纹饰，腰间的束带，顶上的花翎，都有严格的规定，以此来区别官位的高下。由此形成历朝历代的服饰制度，并成为礼仪制度的重要组成部分。

透雕龙纹青玉带板（一套 20 块）

明
北京市海淀区万寿寺工地出土
首都博物馆藏

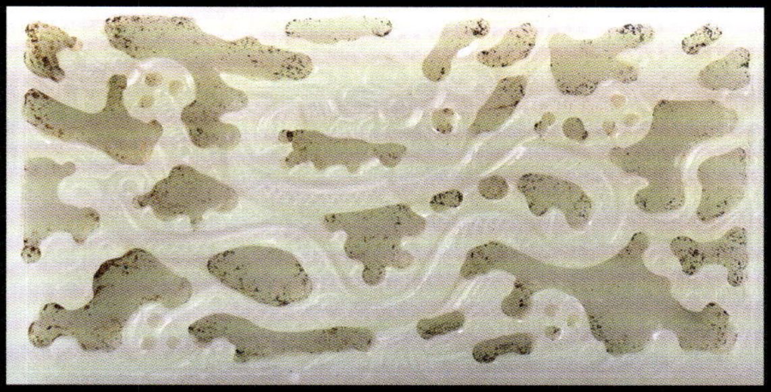

带板，早称带銙，是装饰在革带上的薄板状牌饰。从考古发现与传世的明代玉带中，以 20 件玉饰组成一带最为多见。由此可知，玉带作为一种腰带的形制，自明代起成为一种制度化的服饰，同朝服冠帽一样，并有数量上的定制。

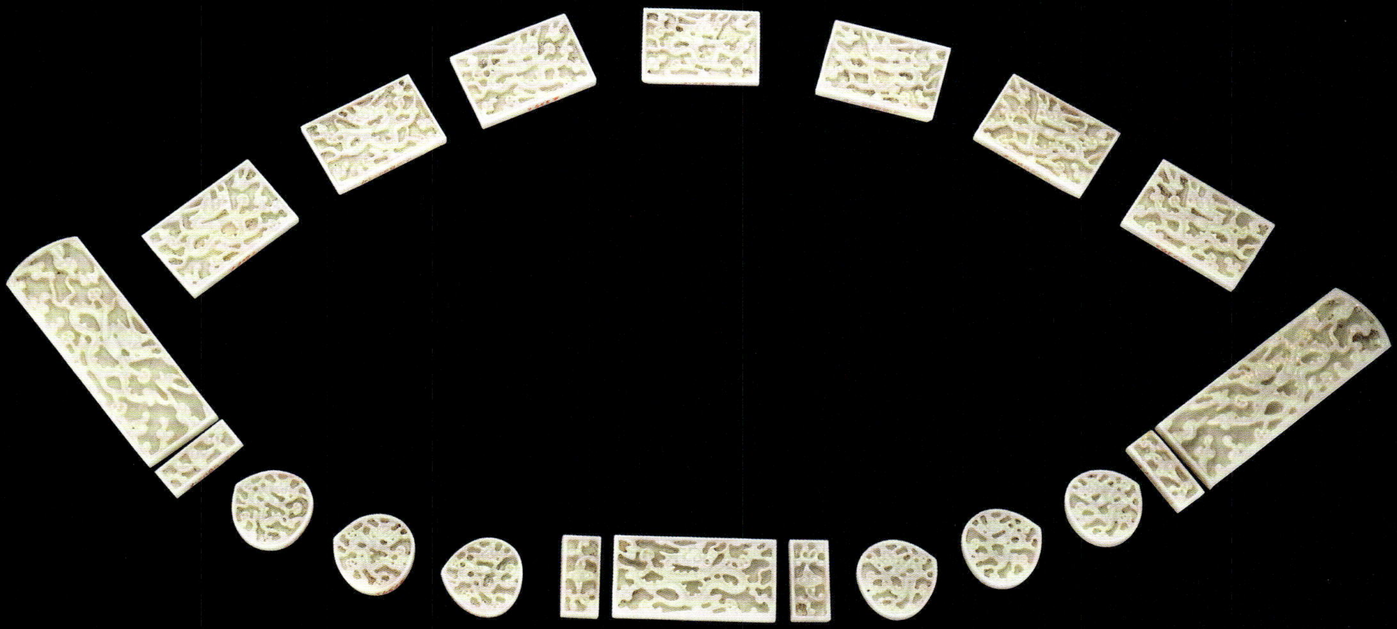

人物纹玉带板

唐

长 4.5 厘米，宽 4.1 厘米，厚 0.7 厘米

河北博物院藏

麒麟纹白玉带板

明

长 7 厘米，宽 6 厘米

天津博物馆藏

鹤纹白玉带板（2件）

明

高 5.1 厘米、宽 5.3 厘米

天津博物馆藏

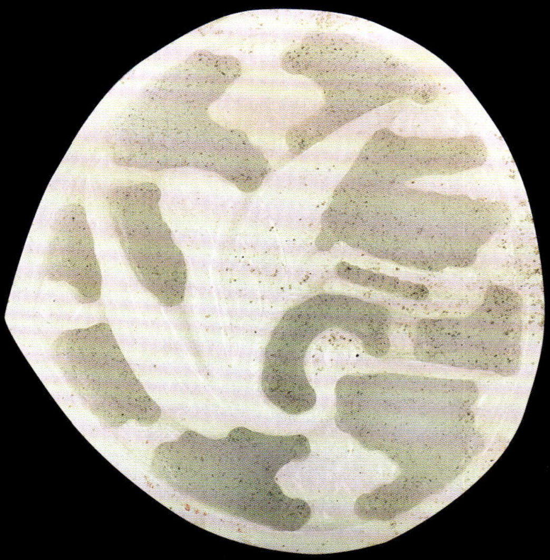

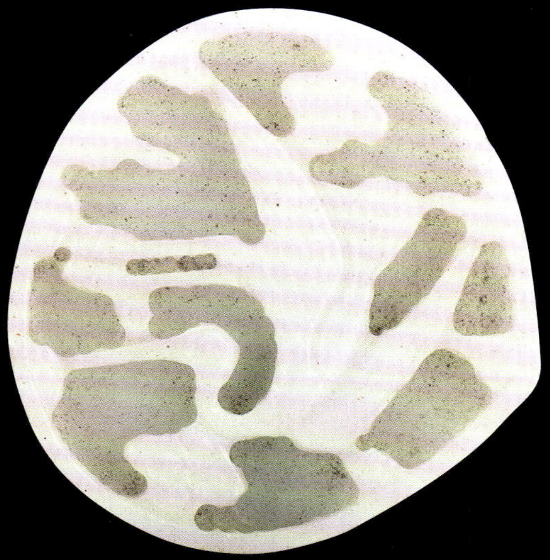

云龙纹青玉带板

明

长 8 厘米，宽 4.4 厘米，厚 0.7 厘米

河北博物院藏

透雕龙纹青玉带板

明
长 7 厘米，宽 5.6 厘米
河北博物院藏

透雕三羊开泰青玉铊尾

明
长 9.6 厘米，宽 5.5 厘米
河北博物院藏

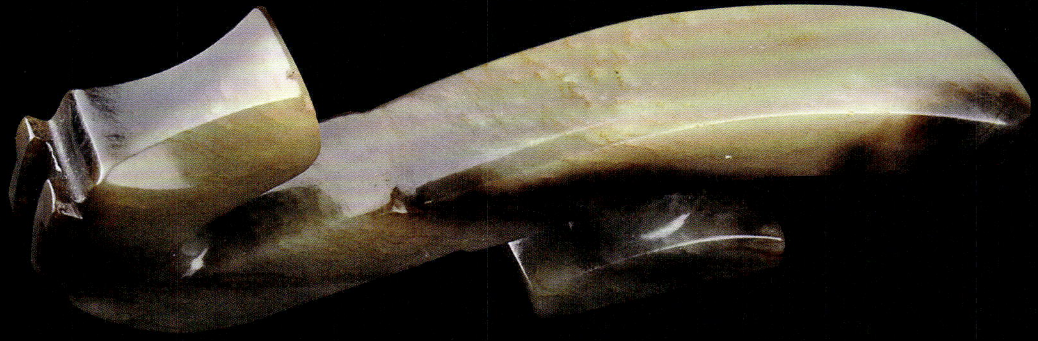

玉带钩

战国

高3厘米，长6.6厘米，宽1.9厘米，

河北博物院藏

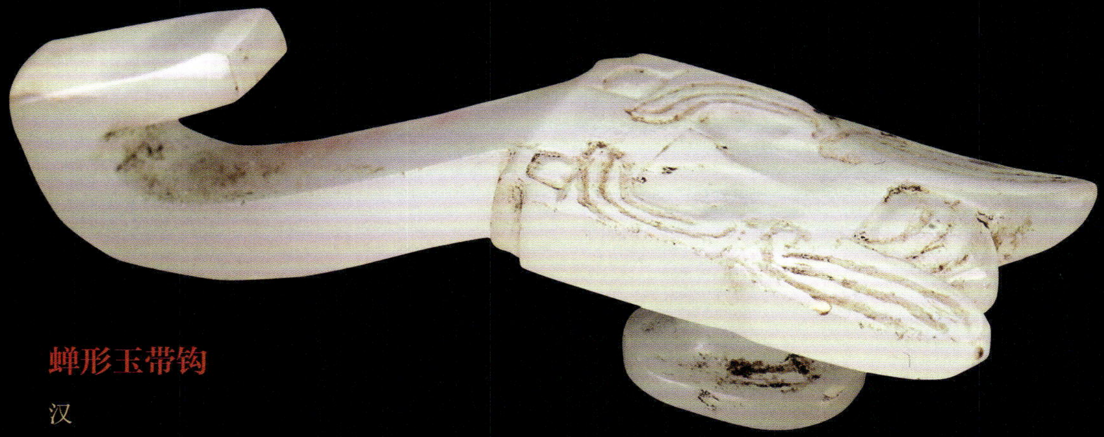

蝉形玉带钩

汉

长约4.5厘米

北京市石景山区老山汉墓出土

首都博物馆藏

兽首螭纹白玉带钩

元
长 13 厘米，宽 4.5 厘米
北京市朝阳区十里堡出土
首都博物馆藏

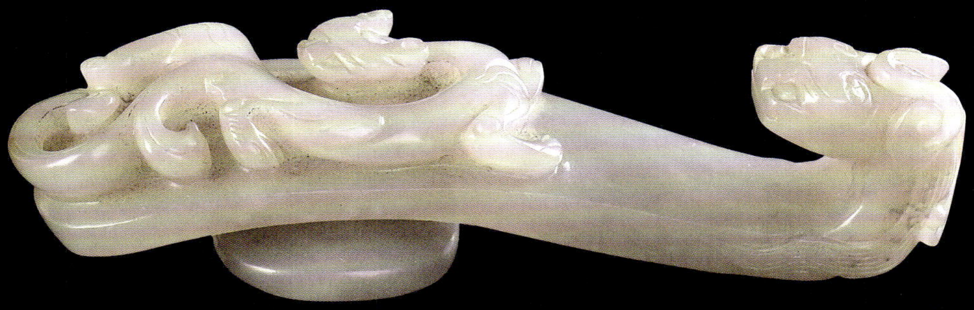

兽首螭纹青玉带钩

元

高 2.7 厘米，长 10.5 厘米，宽 2.7 厘米

河北博物院藏

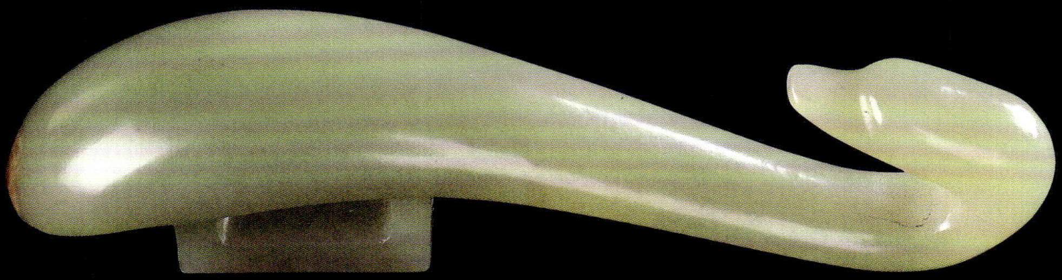

鸟首黄玉带钩

元

长 8.6 厘米

河北博物院藏

龙首蟠螭纹玉带钩

明

高 3.1 厘米，长 13.6 厘米，宽 2.7 厘米

河北博物院藏

铜镀金托白玉螭虎带钩

清
长 6 厘米，宽 2.3 厘米
首都博物馆藏

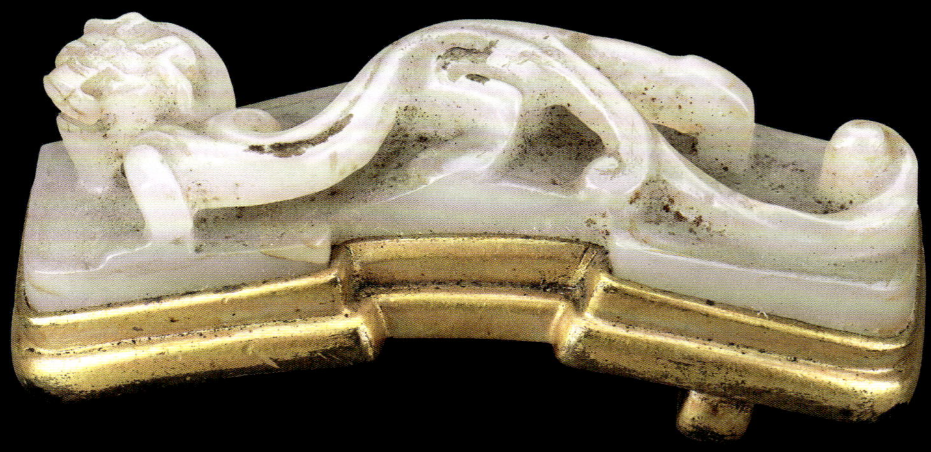

马上封侯青玉带钩

清
长 10.5 厘米
河北博物院藏

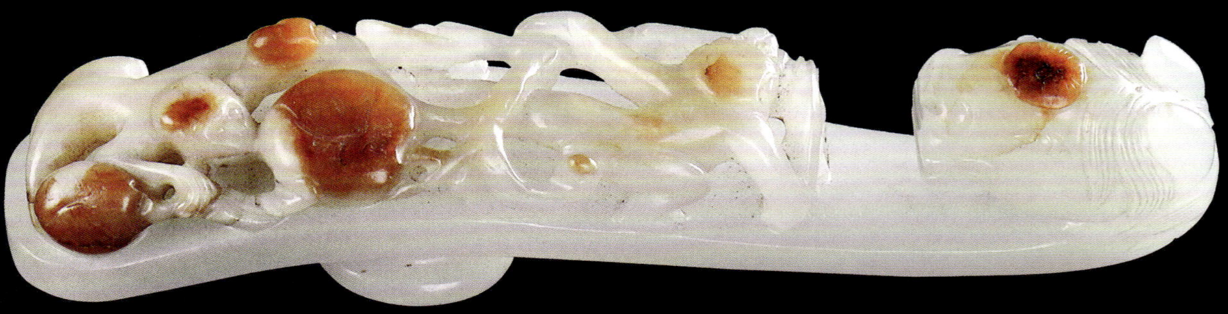

龟纹银托白玉带扣

明

长 7 厘米，宽 5.2 厘米

首都博物馆藏

螭首纹白玉带扣

明

长 15.9 厘米，宽 4.1 厘米

首都博物馆藏

风纹白玉带扣

清

长 4.7 厘米，宽 3.6 厘米

首都博物馆藏

白玉镶铜带扣

清

长 6.2 厘米，宽 3.7 厘米

首都博物馆藏

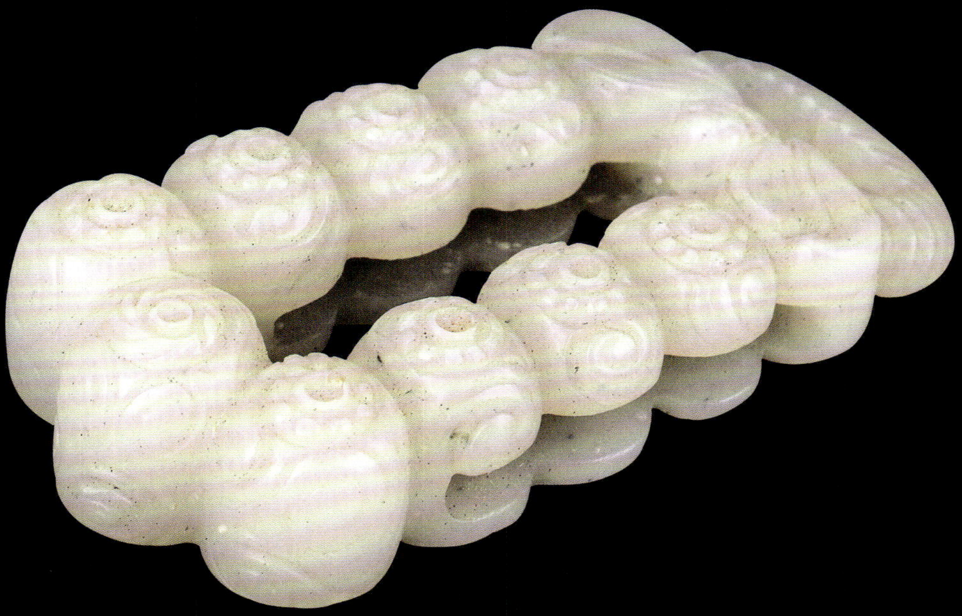

连珠蜻蜓纹白玉带扣

清

通长 6.9 厘米，宽 3.4 厘米

首都博物馆藏

灵芝纹白玉带扣

清
长 6.9 厘米，宽 1.8 厘米
首都博物馆藏

狮子戏球纹白玉带扣

清
长 9.4 厘米
河北博物院藏

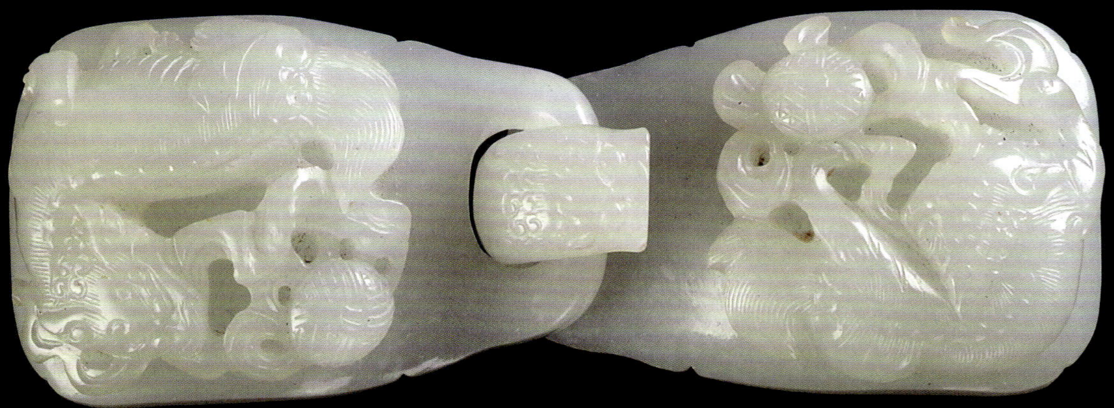

镂雕螭纹青玉带扣

清

高 9 厘米

北京市密云县董各庄清皇子墓出土

首都博物馆藏

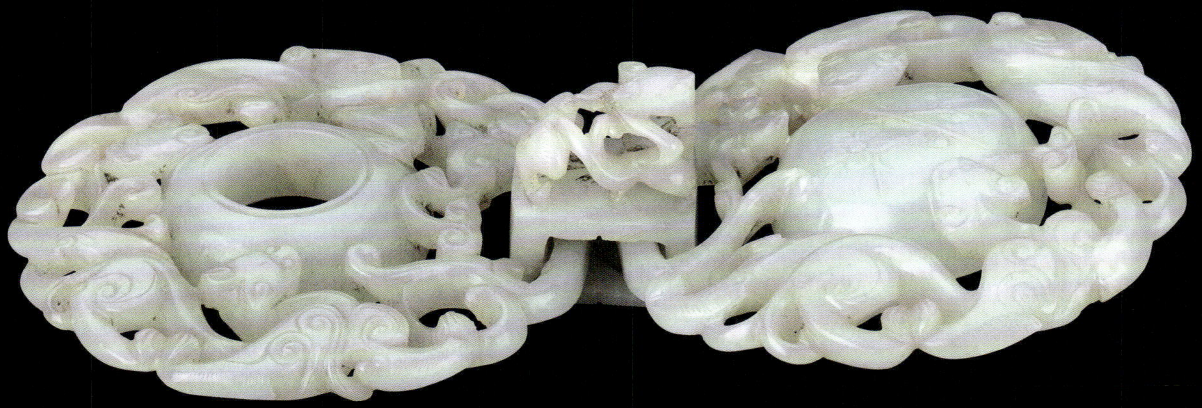

镂空螭纹青玉带扣

清

长 10 厘米

河北博物院藏

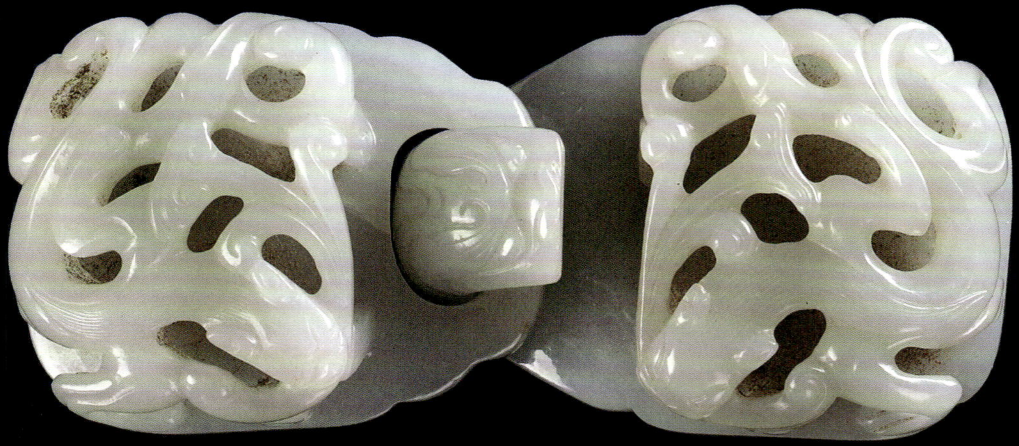

翡翠带扣

清

长 7 厘米，宽 5 厘米；长 6.7 厘米，宽 4.8 厘米

河北省河间县李子口出土

河北博物院藏

鎏金人物银带板

辽
长 8.7 厘米，宽 4 厘米
河北省易县大北城辽代金银器窖藏出土
河北博物院藏

鎏金人物银带板

辽
长 4.7 厘米，宽 3.6 厘米
河北省易县大北城辽代金银器窖藏出土
河北博物院藏

镂空勾莲纹金带饰（2件）

明

长9.3厘米，长8.7厘米

北京市朝阳区十八里店出土

首都博物馆藏

錾花金带饰

明
长 14.1 厘米，宽 7 厘米
北京市永定门外南苑万通墓出土
首都博物馆藏

错金银镶嵌松石铜带钩

西汉
长 21 厘米，宽 2.6 厘米
河北博物院藏

错金银“长宜君官位至三公”铜带钩

东汉
长 16 厘米，宽 1.4 厘米
天津博物馆藏

嵌宝石龙首金带钩

明
长 17.5 厘米
北京市永定门外南苑万通墓出土
首都博物馆藏

银鎏金龙首带钩

明
长 13.7 厘米
北京市房山区大韩继村多宝佛塔内出土
首都博物馆藏

镶宝石龙首镂空金带钩

清
长 16.8 厘米，宽 2.3 厘米
北京市天宁寺发现
首都博物馆藏

龙纹金带扣

清
长 8.9 厘米，宽 3.4 厘米
北京市石景山区八大处出土
首都博物馆藏

金璜

战国
长 20.5 厘米，宽 4.2 厘米
北京市延庆古城战国墓出土
首都博物馆藏

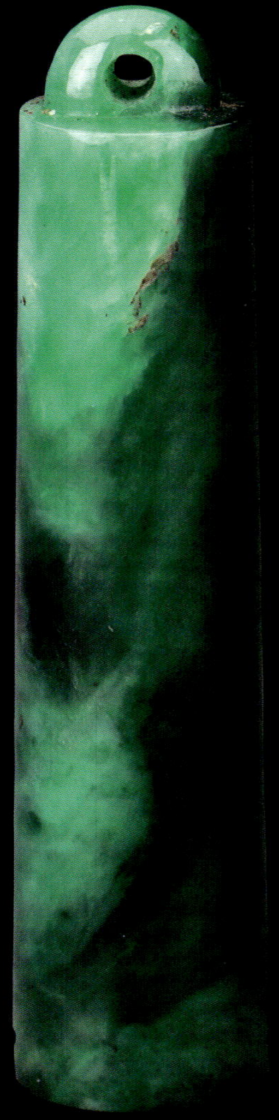

翡翠翎管

清

长 7.1 厘米、宽 1.6 厘米

北京市海淀区恩济庄李莲英墓出土

首都博物馆藏

清代朝服官帽顶上插翎子用的饰物。顶戴花翎是清代高官显贵的标志之一。

白玉翎管

清

直径 1.4 厘米、长 6 厘米

天津博物馆藏

白玉皮子翎管

清

长 7.2 厘米，径 1.9 厘米

首都博物馆藏

白玉云蝠纹翎管

清

长 7.9 厘米

河北博物院藏

官服补子

清

边长 30 厘米

河北博物院藏

六 明清宫廷器物

古代各阶层用度有严格的规范。专供宫中用度的明代御用监、清代养心殿造办处，其一个重要的职能就是为这些礼仪规范提供有形的物化依据，对生活必备的普通之物，寄予礼制的理念。

青花折枝三果纹梅瓶

明永乐

高 28.8 厘米

河北博物院藏

青花折枝花果纹蒜头瓶

清乾隆
高 28.8 厘米，口径 3.5 厘米
首都博物馆藏

青花八棱灵芝罐

清雍正
高 10.8 厘米，口径 3.2 厘米
首都博物馆藏

青花三友纹盘

清乾隆
高 4.1 厘米，直径 17.7 厘米
天津博物馆藏

米色方瓶

清乾隆
高 14.7 厘米，口径 3.8 厘米
首都博物馆藏

素三彩花蝶暗龙纹碗

清康熙

高 6.8 厘米，口径 14.8 厘米

河北博物院藏

粉彩福寿教子纹盖缸

清嘉庆

高 11.7 厘米，口径 12.3 厘米，足径 7.1 厘米

天津博物馆藏

红釉盘

明宣德
高 4.3 厘米，口径 21.4 厘米
河北博物院藏

黄釉碗

明弘治
高 7.5 厘米，口径 18.2 厘米
河北博物院藏

粉彩锦地描金花卉纹瓶

清嘉庆

高 31.9 厘米，口径 8.6 厘米

河北博物院藏

白釉红彩二龙戏珠纹盘

清宣统
高 5.8 厘米，口径 34 厘米
河北博物院藏

画珐琅缠枝花卉万寿无疆盘

清乾隆
高 3.8 厘米，口径 22.4 厘米
河北博物院藏

掐丝珐琅双龙戏珠圆洗

清
高 7.9 厘米，口径 20.5 厘米
河北博物院藏

填漆描金勾莲八宝菊瓣捧盒

清

高 16 厘米，直径 38.2 厘米

河北博物院藏

雕漆山水人物开光花卉四方委角盒

清

高 18.2 厘米，长 25.4 厘米，宽 25.4 厘米

河北博物院藏

犀角杯

明

高 12.3 厘米，口径 16.3 厘米

河北博物院藏

象牙嵌宝表轴摺扇

清

长 28.2 厘米

首都博物馆藏

象牙镂空花盒

清

通高 5.5 厘米，口径 5.8 厘米

北京市密云县董各庄清皇子墓出土

首都博物馆藏

冷枚白鹤朱霞图轴

清
纵 99 厘米，横 50 厘米
首都博物馆藏

宫廷绘画是指围绕着帝王生活而进行的绘画创作，以宫廷画家的创作为主体，亦包括帝王、后妃的画作，以及朝臣向宫廷进献的画作。反映了皇家的审美意识，是宫廷文化的重要组成部分。

邹一桂魏紫图轴

清
纵 58 厘米，横 40 厘米
河北博物院藏

张宗苍山水扇面

清
纵 65.9 厘米，横 63.3 厘米
首都博物馆藏

徐扬花鸟扇面

清
纵 67.4 厘米，横 59.5 厘米
首都博物馆藏

礼仪文化对社会生活产生过深远而广泛的影响。从社会到家庭，从宫廷到民间，直至人们在日常生活中的言谈举止、衣食住行、待人接物、人际关系等，无一不遵循“礼”的规定。“礼”规范人在社会中的地位和关系，懂得尊敬和谦让；使人区别事物或行为的是非，懂得什么是该做和不该做的。“礼”是一种道德标准，维护了社会的秩序与和谐；“礼”是一种行为规范，引导人们向善和自律。

第三部分 礼之生活

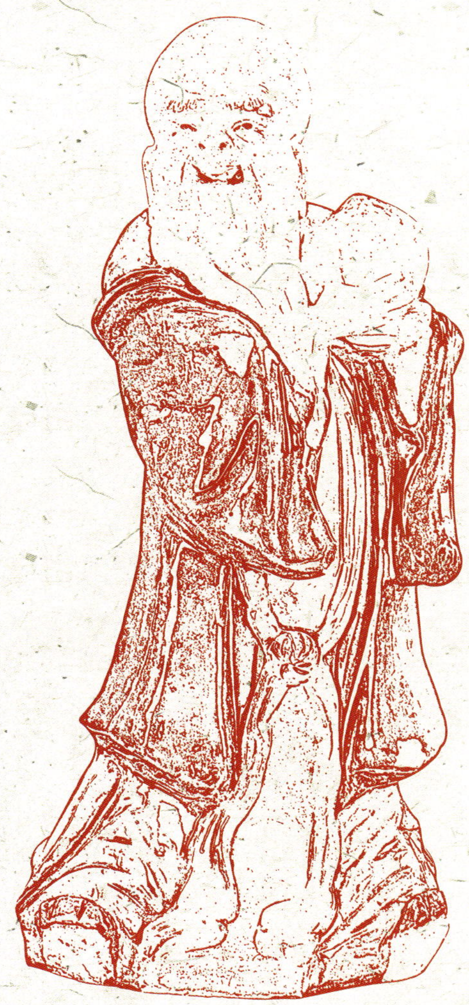

一　修身养德

在我国传统社会生活中，“谦谦君子”是公认的理想人格的现实典范，通过内外兼修达到“仁义礼智信”的标准。人们研读经典、鼓瑟鸣琴、谈经论道，出现了很多圣贤先哲。他们以礼来规范外在行为，以德浸润内在思想。

欧阳修像拓片

民国
纵 145 厘米，横 61 厘米
首都博物馆藏

欧阳修（1007～1072 年），北宋政治家、文学家。著《诲学说》曰：“玉不琢，不成器；人不学，不知道。然玉之为物，有不变之常德，虽不琢以为器，而犹不害为玉也。人之性，因物则迁，不学，则舍君子而为小人，可不念哉？”

读书行乐图

清

纵 61.2 厘米，横 41.6 厘米

首都博物馆藏

挥毫行乐图

清

纵 77.2 厘米，横 42.5 厘米

首都博物馆藏

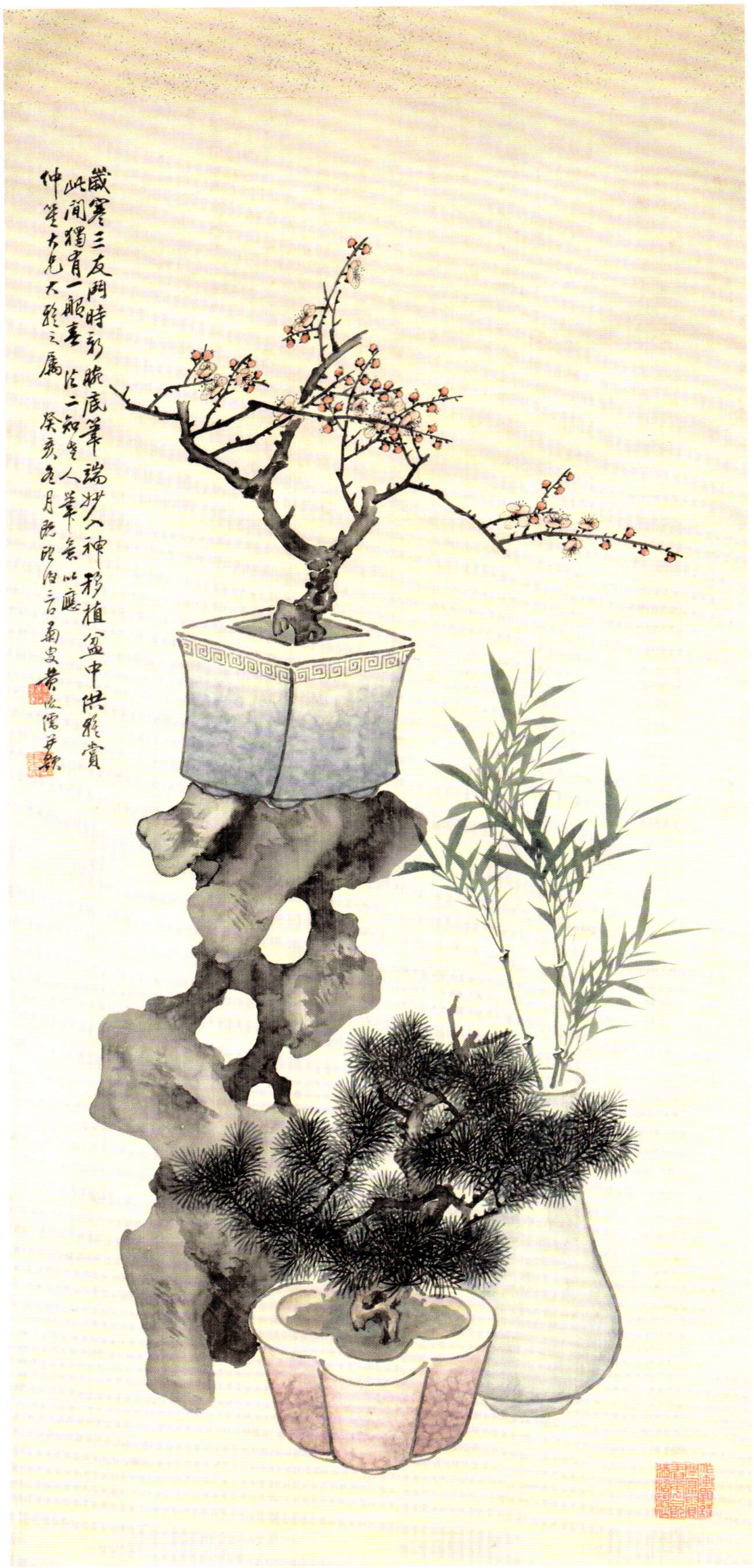

黄葆谦岁寒三友图

清

纵 130.5 厘米，横 65.5 厘米

天津博物馆藏

松、竹、梅被誉为“岁寒三友”，松象征常青不老、竹象征君子之道、梅象征冰清玉洁。“岁寒三友”借松竹梅三种自然物象来赞颂一种坚韧、坚强、高洁的精神品质。

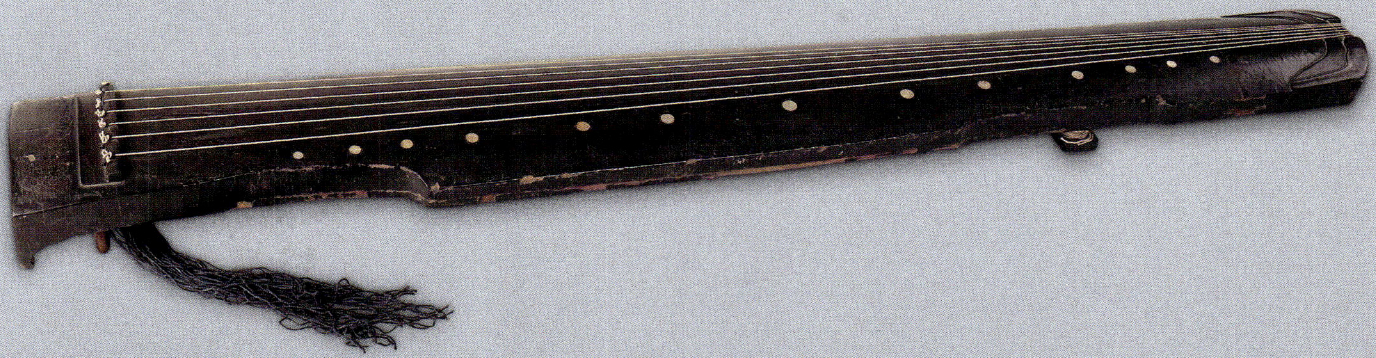

古琴

明

长 121 厘米，宽 19 厘米

河北博物院藏

儒家认为，音乐有优劣、高下之分，只有情感纯正、节奏高雅、能够体现道德教化的乐曲才能荡涤邪秽、流通精神。修身养性的途径之一就是听雅乐，因此，鼓瑟鸣琴就成为谦谦君子修炼品行的常用方式。

古瑟

清

长 210 厘米，两头各宽 46.6 厘米 ×40 厘米

首都博物馆藏

人物图卷

民国
纵 31.5 厘米，横 176 厘米
首都博物馆藏

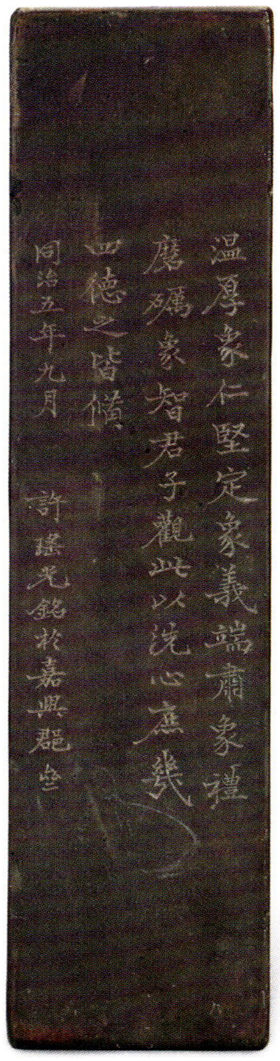

许瑶光铭四德端砚

清
高 4.9 厘米，长 20 厘米，宽 12 厘米
天津博物馆藏

砚作长方形，素面磨光无纹饰，一侧有许瑶光铭四行："温厚象仁，坚定象义，端肃象礼，磨砺象智，君子观此以洗心庶几四德之皆备。同治五年九月许瑶光铭于嘉兴郡斋。"

华世奎楷书荀子劝学篇团扇页

清至民国

纵 25.3 ～ 35.2 厘米，横 62.2 厘米

天津博物馆藏

二　孝悌课子

孝悌是感恩父母的表现。在礼仪文化中，“百善孝为先”，古人甚至认为孝是“天经地义人之行”，把孝上升到天理的高度，提倡“孝亲”贵在精神赡养，只有发自内心的敬爱才是真孝。课子即督促子女读书，通过读经诵典来塑造完美人格，是传承礼仪文化的重要形式。礼仪文化得以代代延续。

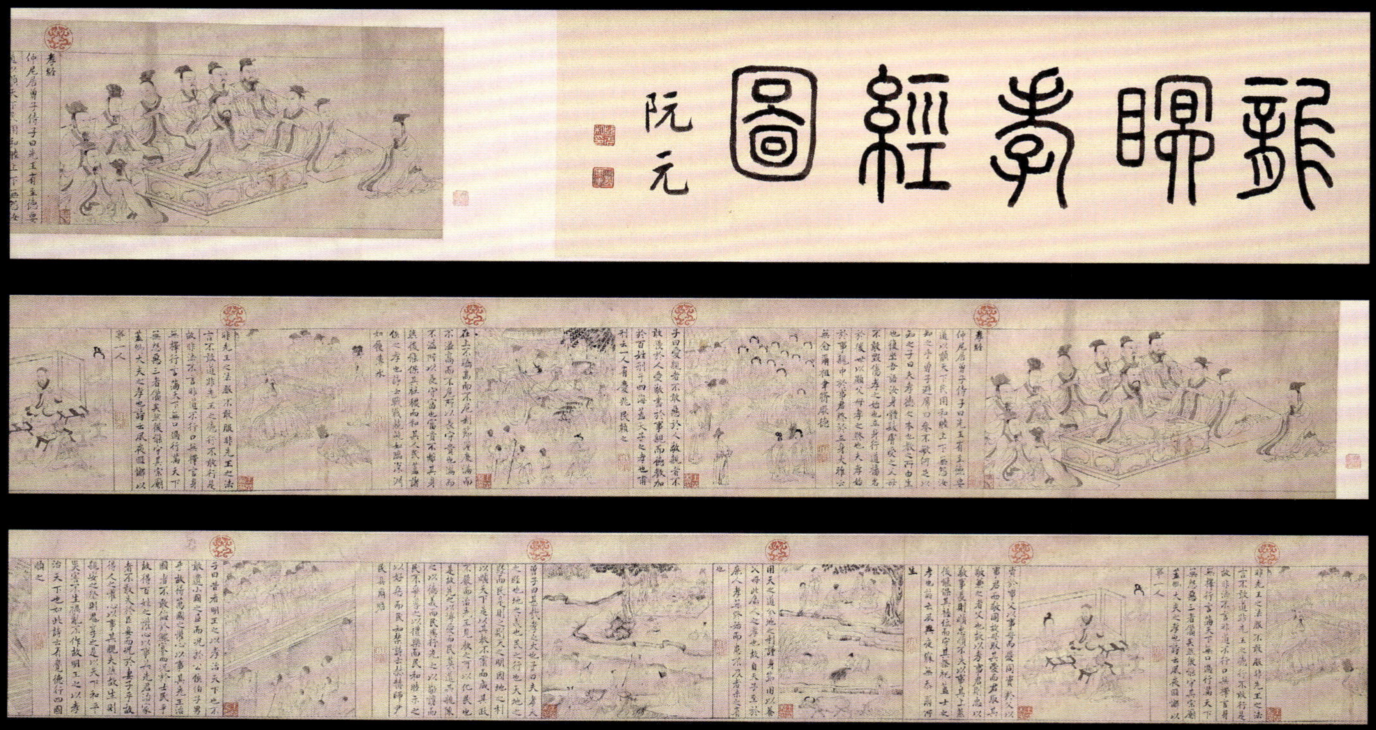

明仿李公麟孝经图卷

明

纵 23.9 厘米，横 619 厘米

首都博物馆藏

《孝经》是儒家十三经之一，以孝为中心，比较集中地阐述了儒家的伦理思想。“夫孝，天之经也，地之义也，人之行也。”指出孝是诸德之本，认为“人之行，莫大于孝”，国君可以用孝治理国家，臣民能够用孝立身理家。把“孝”的社会作用推而广之，认为“孝悌之至”能够“通于神明，光于四海，无所不通”。此图卷与《孝经》文字相配，共十八幅图画。

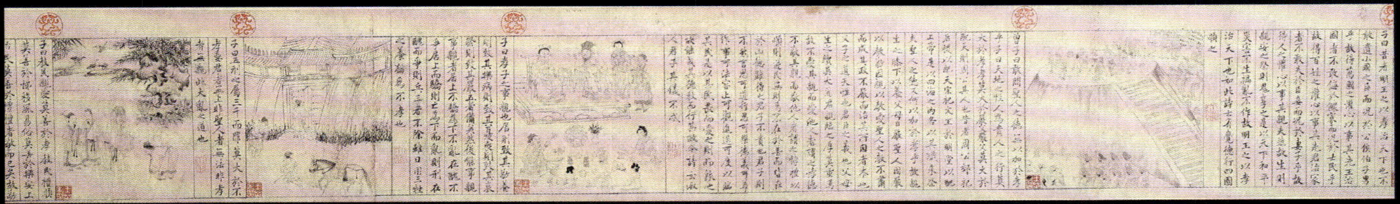

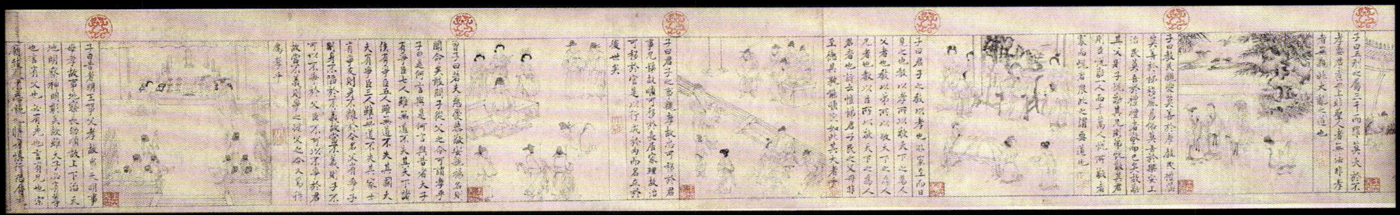

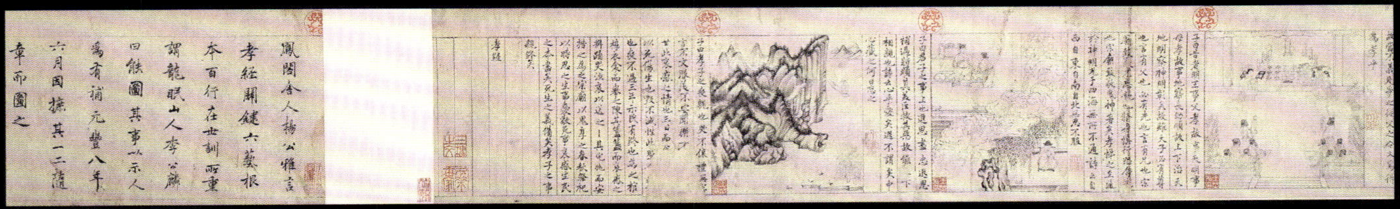

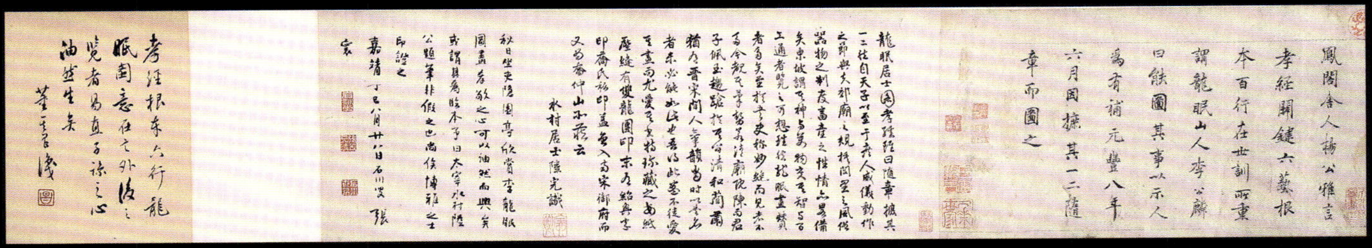

黄道周书孝经卷

明

纵 32.5 厘米，横 366 厘米

天津博物馆藏

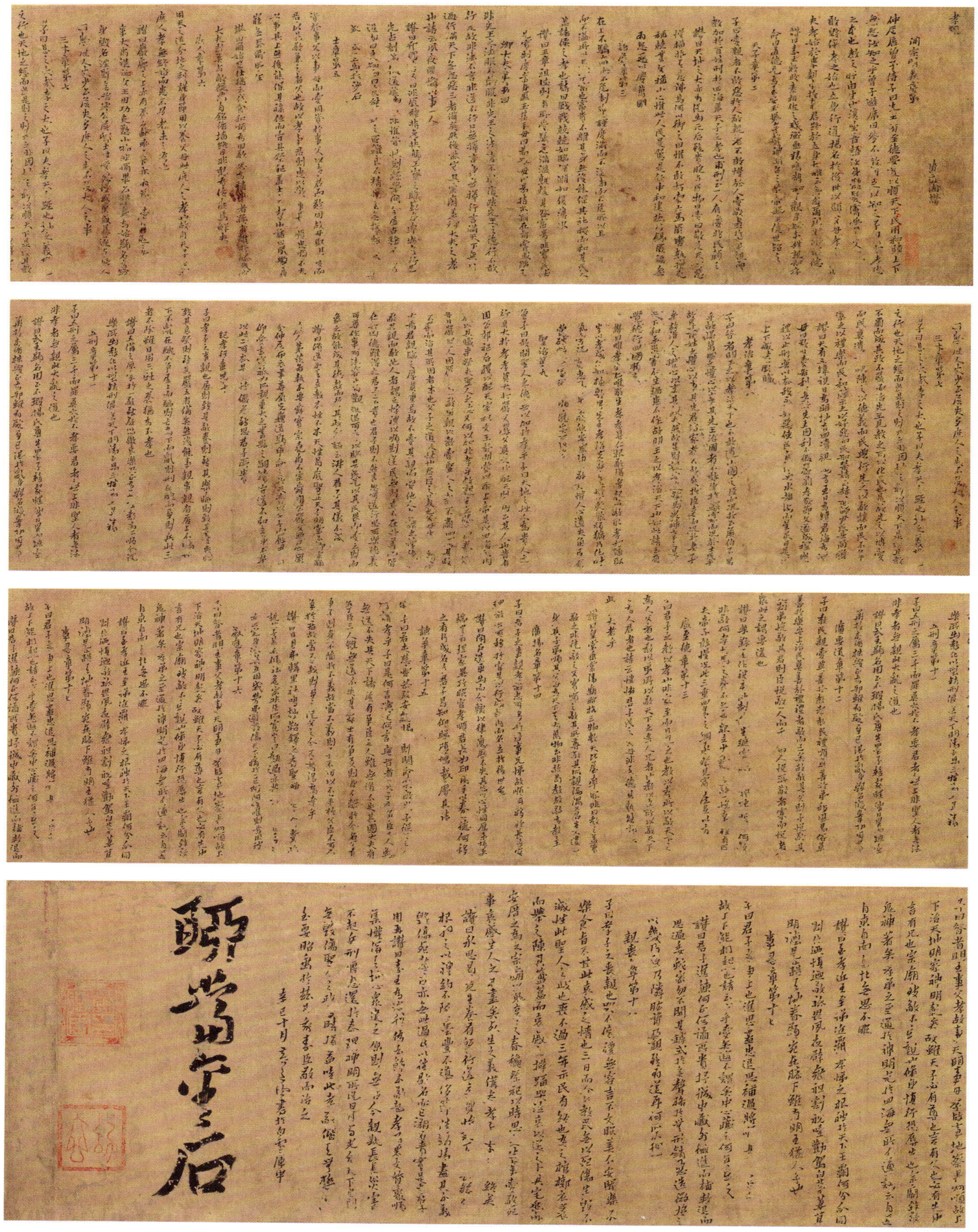

乾隆五十年银养老牌

清
长 13.7 厘米，宽 8.4 厘米
首都博物馆藏

乾隆五十年（1785 年）正月初六日，适逢乾隆喜添五世元孙，乾隆帝在乾清宫举行了千叟宴。年过 60 者约有 3000 余人，共聚一堂。这些人中有皇亲国戚，有前朝老臣，也有从民间奉诏进京的老人。席间，乾隆召一品大臣及 90 岁以上者至御前，亲赐饮酒。又命皇子、皇孙、皇曾孙在殿内依次敬酒。赐予大家诗刻、如意、寿杖、朝珠、缯绮、貂皮、文玩、银牌等。千叟宴始于康熙，盛于乾隆，是清宫中规模最大，与宴者最多的盛大皇家御宴，在清代共举办过 4 次，即康熙五十二年、康熙六十一年、乾隆五十年、嘉庆元年。千叟宴旨在践行孝德，沟通亲情，友善邻里，营造节日气氛。

御赐银养老牌

清嘉庆

长 13.5 厘米，宽 8.3 厘米

首都博物馆藏

粉彩五伦图瓷瓶

清
高 60.4 厘米
河北博物院藏

孟子将封建社会中的人际关系准则概括为五伦，也就是《孟子·滕文公上》里所说的："父子有亲，君臣有义，夫妇有别，长幼有序，朋友有信。"后人以五种禽鸟凤凰、仙鹤、鸳鸯、鹡鸰、黄莺作画代表五伦图。

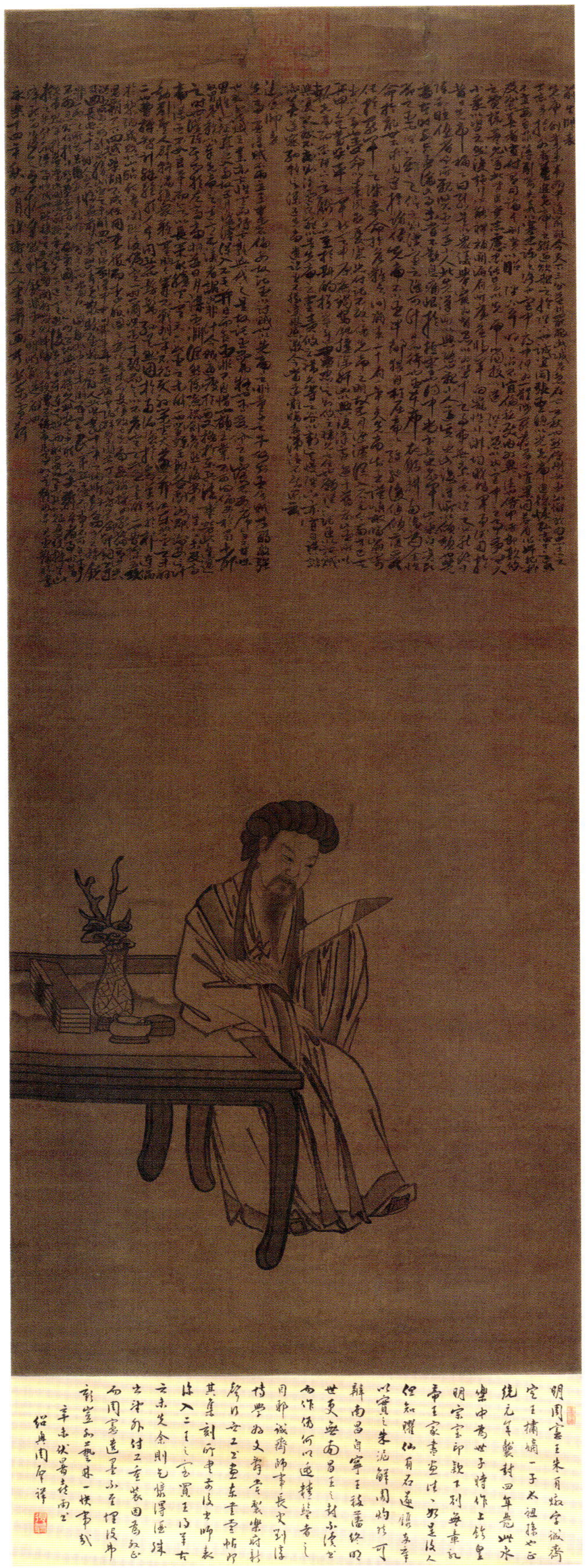

朱有燉水墨诸葛观书图轴

明
纵 134 厘米，横 54.4 厘米
首都博物馆藏

诸葛亮（181 ～ 234 年），字孔明，号卧龙，三国时蜀汉丞相，他入仕前隐居山岗，修身养德；入仕后志存高远，忠君报国，是中国传统文化中智者的典型。诸葛亮有两篇家训名世，一是《诫子书》，是诸葛亮写给儿子诸葛乔，教导儿子“静以修身，俭以养德。非淡泊无以明志，非宁静无以致远”。二是《诫外甥书》，“夫志当存高远，慕先贤，绝情欲，弃凝滞，使庶几之志，揭然有所存，恻然有所感；去细碎，广咨问，除嫌吝，虽有淹留，何损于美趣，何患于不济？”这两篇充满智慧的家训，阐述了修身养性、治学做人的深刻道理。

教子图

清

纵 88 厘米，

横 52.7 厘米

首都博物馆藏

畫荻教子圖擬元人筆於北郭耕香書屋
八十翁

课儿图

清

纵 78.7 厘米，横 143 厘米

首都博物馆藏

王树谷获教子图轴

清

纵 72.2 厘米，横 47.5 厘米

首都博物馆藏

三　许愿祈福

无论是纷乱的战争时代，还是和平的居家生活，人们一直延续着奉神祭祖、许愿祈福的习俗。通过祭拜神灵仪式，数典祭祖，表达感恩之情，祈求得到庇护和保佑。关帝、观音、佛像以及各路神仙是人们供奉祭祀的主要对象，寄托着人们对未来生活的美好愿望。

十一面观音菩萨铜像

明

高 33 厘米，宽 11.5 厘米

首都博物馆藏

碧玉观音像

清

高 14.6 厘米

河北博物院藏

白釉瓷观音

清

高 12.5 厘米，宽 12 厘米

天津博物馆藏

白釉瓷坐佛

明
高 47.5 厘米
河北博物院藏

阿弥陀佛铜造像

明
高 30 厘米，宽 21 厘米
首都博物馆藏

阿弥陀佛，又名无量佛。《佛说无量寿经》曰：“无量寿佛威神光明最尊第一。”经中介绍了阿弥陀佛接引众生的大愿、极乐世界的美好景象等。

四臂观音唐卡

清
纵 50 厘米，横 33 厘米
首都博物馆藏

观世音，佛教将其描写成大慈大悲的菩萨，为救苦难众生，观世音可以呈现种种化身。观音菩萨在普通民众中占有重要的地位，家有灾难、疾病，常去观音庵烧香祈祷；又有观音送子的传说，膝下无子的夫妇，把生子继嗣的希望寄托于观音菩萨。

阿弥陀佛像

清
纵 157 厘米，横 85 厘米
首都博物馆藏

关帝像

明万历
纵 171 厘米，横 88.3 厘米
首都博物馆藏

关羽是三国时期蜀汉大将，历代皇帝都以关羽为忠义的化身，宋徽宗崇宁元年（1102 年）追封关羽为忠惠公，成为道教中的神将。明清时期，在统治者的倡导下，关羽崇拜愈演愈烈。乾隆三十三年（1768 年），加封关羽为“忠义神武灵佑关圣大帝”。官方对关羽的祭祀日益隆重，民间在家中自立牌位供奉者也非常普遍。

监坛赵元帅像

明万历
纵 155 厘米，横 88 厘米
首都博物馆藏

道教所奉的财神即赵玄坛，又称“赵公元帅”。相传姓赵名公字公明。道教尊为“正一玄坛元帅”。

管念慈设色福星像轴

清

纵 208 厘米，横 94.5 厘米

首都博物馆藏

福星是汉族民间信仰的神仙之一。头戴官帽，手持玉如意，为天官一品大帝，天官赐福由此而来。作为吉祥如意的象征，在祝寿时，常在正屋面墙上悬挂福、禄、寿的中堂，两侧面寿联为：“福如东海，寿比南山。”

管念慈设色禄星像轴

清
纵 208 厘米，横 95 厘米
首都博物馆藏

禄星是汉族民间信仰中主管功名利禄的神仙，后被加上“张仙送子”的附会，由原本代表升官发财之神，逐渐成为送子之神。故今一般禄星像，均手牵一童子或抱婴儿于怀。

管念慈设色寿星像轴

清

纵 209 厘米，横 95.2 厘米

首都博物馆藏

寿星是古代汉族神话中的长寿之神，民间认为供奉此神，可使人健康长寿。也是道教中的神仙，是道教追求长生的一种信仰。古人将其作为长寿老人的象征，常衬托以鹿、鹤、仙桃等，象征长寿。

绣松鹤延年图轴

清
纵 58.5 厘米，横 36.5 厘米
天津博物馆藏

糖玉福禄寿星

明
高 7.9 厘米，底径 3.5 厘米
首都博物馆藏

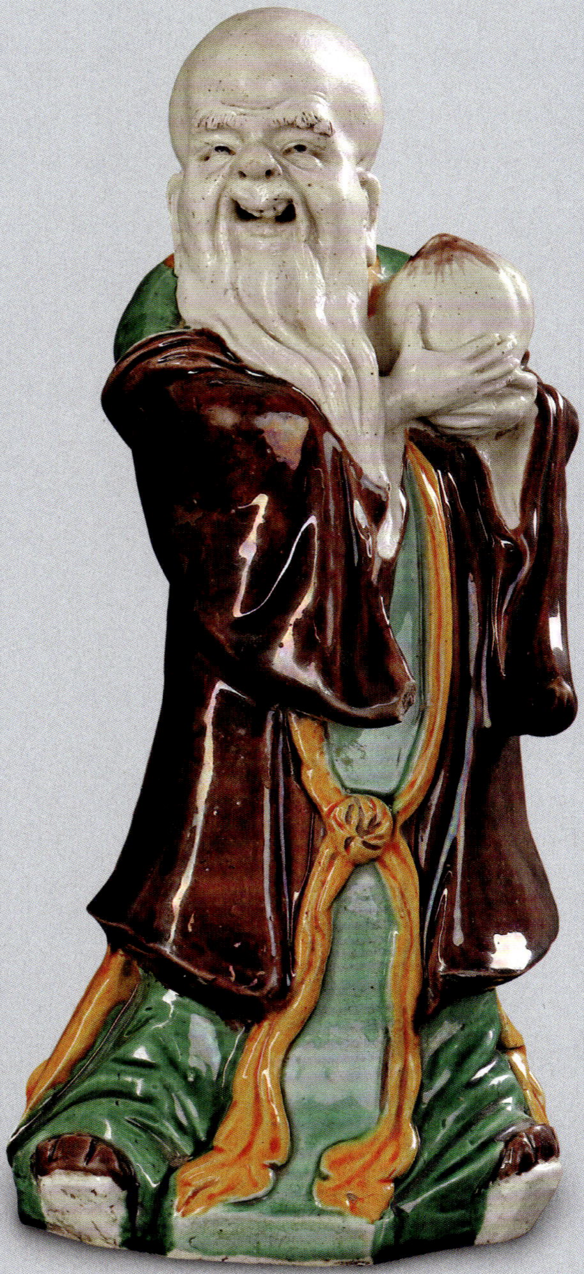

三彩寿星捧桃像

清康熙
高 28 厘米
河北博物院藏

雕竹福禄寿三星人

清末民国
高 59 厘米，宽 16.5 厘米；高 60.2 厘米，宽 14.5 厘米；
高 63.5 厘米，宽 17 厘米
天津博物馆藏

釉里红福禄纹四方瓶

清乾隆
高 23 厘米，口径 8 厘米，底径 9 厘米
首都博物馆藏

青花寿字瓶

清康熙

高 19.7 厘米，口径 5.7 厘米

首都博物馆藏

青花百寿罐

清康熙

高 18.5 厘米，口径 9 厘米

北京市青年出版社印刷厂工地出土

首都博物馆藏

釉里红百寿觚

清仿成化

高 43 厘米，口径 20.5 厘米

首都博物馆藏

粉彩福禄寿三星图瓶

清

高 52.8 厘米，口径 13 厘米，底径 23 厘米

天津博物馆藏

嵌珐琅寿字碗

清
高 6.1 厘米，口径 13.6 厘米
河北博物院藏

和合二仙纹锁形玉佩

清

长 8.3 厘米，宽 6.5 厘米，厚 0.7 厘米

河北博物院藏

青花缠枝牡丹喜字纹罐

清雍正
高 35.8 厘米，腹径 26.7 厘米
河北博物院藏

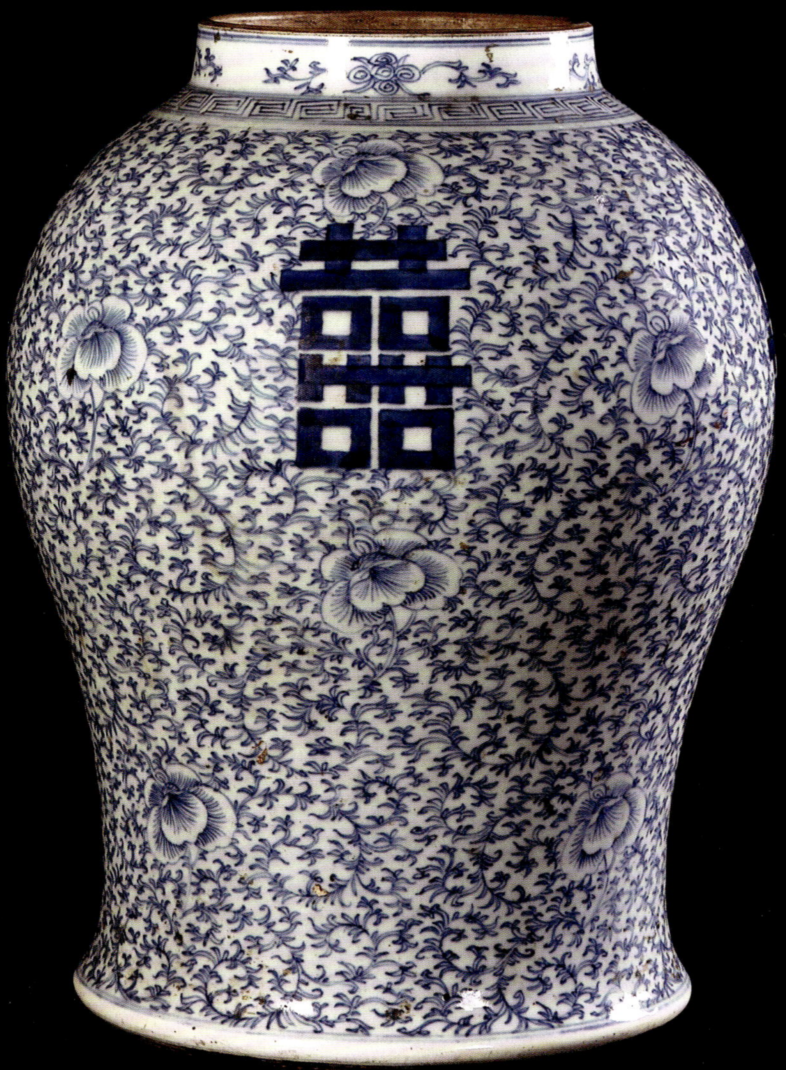

黄釉红彩喜字纹碗

清同治
高 5.5 厘米，直径 10.5 厘米
河北博物院藏

珊瑚红描金喜字纹花盆

清同治
高 20.5 厘米，直径 32 厘米
河北博物院藏

后记

礼仪篇、艺术篇、居家篇展现了人们生活的主要内容。古代生活中的礼仪，代表了社会及人们推崇的处事原则与规范，使生活更加和谐；生活中艺术品的创造与产生，代表了人们对美的向往与追求，是生活中智慧的结晶，以及精神世界艺术的再升华；生活中无处不在的祈福保佑的迫切愿望，是人们对生活的美好愿景。尊贵、富足、吉祥、美满，是人们心中向往的、理想的生活乐园。